마흔 살,
내가 준비하는
노후 대책

7

마흔살,
내가 준비하는
노후 대책

김동선 노후대책전문가 지음

나무생각

마흔이란 어떤 나이일까? 현재 한국인의 평균 수명이 81세이니, 이의 딱 절반에 해당하는 나이다.

젊지도 늙지도 않은 나이, 일과 가정에서 가장 많은 것을 감당해야 할 나이, 이제까지 이룬 것을 지키려는 안주 본능과 새로운 모험과 재도약을 향한 갈증으로 내전을 겪는 나이, 삶에서 일어나는 인과 법칙을 이해하고 나의 운명과 화해한 뒤 소소한 행복을 누리게 되는 나이다.

마흔의 또 중요한 과제는 삶의 출구 전략을 세우는 것이다. 축구 경기에 비유하자면 전반전에 흘린 땀을 닦으면서 후반전을 위한 전략을 세우는 브레이크 타임이라고도 할 수 있다.

중년의 마음을 어지럽게 하는 것은 '장수리스크'에 대해 사방팔방에서 들려오는 경고음이다.

OECD 국가 가운데 한국의 노인빈곤율이 가장 심각하다는 뉴스와 국민연금의 노후 소득대체율이 30~40%밖에 되지 않는다는 분석, 실버푸어가 되지 않기 위해 마련해야 할 자금, 연금 상품의 리스트는 길기만 하고, 평생 일할 수 있는 직업을 찾아야 한다는 이야기를 반복해서 듣다 보면 정말 노후가 두려워지는 것이다. 그런데 노후를 생각하면서 준비해야 할 것으로 돈이 전부일까?

물론 살아가는 데 돈은 기본이다. 하지만 수억 원을 모았다고 행복한 노후가 보장되는 것은 아니다. 나이 들어서는 오히려 돈에서 해방되어야 한다. 여기서 말하는 해방이란, 궁핍하지 않을 정도의 돈을 가지고 있어야 한다는 이야기이면서, 동시에 돈 외의 가치를 소중히 여기고 즐길 줄 아는 마음의 여유가 필요하다는 뜻이다.

그런데 노후 준비를 이야기하는 사람들의 관심사는 모두 거액의 자금을 모으는 일에 치우쳐 있다. 고용 불안정, 저금리, 불확실성으로 특징지어지는 지금과 같은 경제 상황에서는 이런 식의 목표는 오히려 좌절감만 더할 뿐이다. 그러므로 젊어서 모은 돈으로 정년 이후를 즐기겠다는 생각보다, 건강을 지키고 새로운 기술과 지식을 익혀 오래도록 일을 하겠다는 목표가 더 현실적이다. 또 아무리 돈이 많다고 하더라도 돈만으로 노년기의 행복을 살 수는 없다. 미국의 유명 작가 마크 트웨인은 노년에 대해 다음과 같은 이야기를 했다.

"인생은 순서가 잘못되어 있어. 인생이 청년기를 거쳐 노년기에 끝난다는 건 참 못마땅한 일이지. 인생은 여러 가지 특권과 돈이 확보되어 있는 노년기에 시작해서, 그런 이점을 훌륭하게 누릴 수 있는 청년기에 끝나는 게 좋다고 나는 생각하네. 청년기에는 약간의 돈만 있어도 그 100배에 달하는 즐거움을 누릴 수 있지만, 아쉽게도 돈이 없지. 나이가 들었을 때 어느 정도 돈은 모았겠지만, 이미 돈으로 살 만한 가치 있는 것들이 없어져버린 상태지. 이것이 인생이라네."

마크 트웨인이 간파했던 것처럼 노년기에는 재산과 명예가 있다고 하더라도 이를 즐길 수 있는 '활기'를 상실한 상태다. 돈이 많거나 좋은 집을 가지고 있어도 행복감은 따라와 주지 않는다. 이런 현상은 주변의 노인들을 보아도 마찬가지다. 돈이나 지위, 가족 관계 등 조건만으로는 부족할 것 없는 노인들 가운데 항상 불만에 가득 찬 사람들이 적지 않다. 스탕달은 '정신의 가장 아름다운 특권 중 하나는 늙어서 존경받는 것'이라고 했는데 돈이 많다는 이유로 존경받는 사람은 눈 씻고 찾아도 없다.

그러므로 40세 이후에는 삶을 지배하는 가치가 달라져야 한다. 인생 전반기가 업적, 높은 지위와 연봉을 얻기 위해 외곬으로 달려온 시기라면, 인생 후반전은 보다 넓은 의미의 완성을 향해 나아가야 하는 시기다. 성숙한 나이에 걸맞은 인격을 갖추는 것이 무엇보다 필요하며, 이밖에도 건강, 가족과의 원만한 관계, 새로운 역할, 여가 시간을 충실히 이끌어줄 취미생활 등이 건강한 노후 생활을 위한 밑거름이다.

누군가가 '인생의 봄을 아름답게 가꾸지 않은 사람이라면 상실해야 할 봄도 없다.'고 말했다. 하루하루를 충실하게 이어간다면 인생 후반기는 내리막길이 아니라 계속 발전하고 성장하는 오르막길로 전환될 것이다.

　이 책은 독자들이 마흔이라는 고개를 잘 넘도록, 나아가 인생 후반
전을 멋지게 살아갈 수 있도록 돕는 데 목적이 있지만, 죽음에 대한 생
각들도 함께 실었다. 노년기는 '죽음'으로 완성된다. 죽음은 회피하고
싶은 현실이 아니라, 적극적으로 응시해야 하는 우리 삶의 '거울' 같은
존재다. 그렇기 때문에 죽음에 대한 준비를 통해 인생 후반전에 추구해
야 할 가치는 '더 많이 갖는 것'이 아니라 '더 많이 돌아보며 더 많이
베푸는 것'이라는 것을 깨달았으면 한다.

　노년기는 궁핍하고 고독한 시간이 아니다. 오히려 더 여유로워지고
자유로워지며 풍성해지는 인생의 수확기다. 얼마나 많은 수확을 거두
느냐는 젊어서 얼마나 많은 씨앗을 뿌렸느냐에 달려 있다. 단순한 진리
지만 우리의 은퇴 계획, 노후 준비도 마찬가지다.

　인생의 봄에 씨앗을 많이 뿌리고 여름철에 땀 흘린다면, 노후를 두
려워할 필요가 없다. 남보다 한발 앞서 노후를 계획하고 차근차근 준비
한 사람만이 노인이 된 '축복'을 만끽할 수 있을 것이다.

---

*이 책은 10년 전에 《마흔 살부터 준비해야 할 노후 대책 일곱 가지》로 출간되었었다. 10여
　년이 흐르는 동안 저자도 어쩔 수 없이 그만큼 연식이 더해졌다. 그간의 변화와 연구로 자
　료를 보완하였고, 현실을 반영하여 《마흔 살, 내가 준비하는 노후 대책 7》로 다시 펴냈다.

Contents

Chapter 1 　건강

아무나 늙는 것은 아니다

Chapter 2   노후 자금

돈 없으면 늙어서 더 서럽다

Contents

내 나이 마흔, 지금부터라도
하고 싶은 일을 실컷 할 수 있으며,
지금과는 전혀 다른 인생에도 도전해볼 수 있다.
이 얼마나 가슴 두근거리는 일인가!
그러므로 '이제는 늦었다'라는 생각을
정말 그만두어야 한다.

당신은 100세까지 살 수 있다!

"난 살 만큼 살았다. 이제 죽을 날만 기다려야지, 이 나이에 뭘 하겠다고……."

오래전 정년퇴직을 하신 친정아버지는 자식들을 대할 때마다 '이제 얼마 안 남았다'는 말씀을 반복하셨다. 집 밖으로는 한 걸음도 안 떼시고 줄담배만 피우시는 모습이 안타까워 취미생활을 권했을 때도, 동네 복지관에 나가 자원봉사라도 하시는 게 어떠냐고 운을 뗐을 때도 친정아버지는 '이 나이에 뭘 하겠냐'고 손사래를 치셨다.

지금은 건강이 안 좋으신 게 역력한 모습이어서, '이제 얼마 안 남았다'는 말씀이 실감나게 들리지만, "그래도 앞으로 10년은 더 사셔야 합니다."라고 우리는 협박(?)을 하곤 한다. 친정아버지는 "이렇게 오래 살 줄 알았더라면 그때 뭘 했을 텐데. 그런데 이젠 정말 갈 날만 기다려야지……."라고 말을 얼버무리신다.

'이렇게 오래 살 줄 알았더라면, 지금과는 다른 인생을 살았을 텐데…….'

이런 후회는 우리 아버지 세대로 끝났으면 좋겠다. 이들은 평균 수명 60세를 기준으로 인생을 설계했고 살아왔다. 60세 인생에서는 인생을 맘껏 살 여유가 없었다. 성인이 돼 결혼을 하고, 자식이 태어나면 가족을 부양하기 위해 한평생 일해야 했다. 그리고 막내가 독립한 뒤 겨우 주어지는 휴식은 금방 닥치는 질병과 죽음으로 짧게 마감됐다.

현재 한국인의 평균 수명은 80세를 넘어섰다. 2012년 기준 평균 수명이 남성은 78세, 여성은 84.6세다. 게다가 2020년이 되면 최빈사망

연령_{사망 빈도가 가장 높은 연령}이 90세를 넘는다고 하니, 과거에 비해 30년 이상의 시간이 덤으로 주어지는 것이다.

우리 아버지 세대는 60세 인생을 설계했지만, 우리들은 90세를 기준으로 인생을 재편성하지 않으면 안 된다. 아니, 의학 기술의 발달과 게놈 혁명 등으로 우리의 평균 수명은 90세가 아니라 100세로 늘어날지도 모른다. 건강한 생활 습관과 식습관의 중요성이 알려지고 이를 실천하는 사람들이 늘어나는 데다, 게놈 혁명에 의해 질병을 원천적으로 제거하는 것도 가능해질 것이다. 개인이나 가계의 병력을 연구하면 어떤 질병에 더 쉽게 노출된다는 것을 알 수 있고, 질병에 초점을 맞춘 예방 활동도 가능해진다. 또 질병에 걸리더라도 맞춤형 의학으로 완치가 가능해진다.

최소한 80년, 길게는 100년을 기준으로 자신의 인생을 바라본다면 현재 자신이 서 있는 자리가 달라 보일 것이다.

■ 한국인 평균 수명 증가 추세

연도	남	여	평균
1960	51.5	53.7	52.4
1970	59.0	66.1	62.3
1980	62.3	70.5	66.2
1990	67.3	75.5	71.3
2000	72.25	79.60	76.02
2010	77.20	84.07	80.6
2020	79.31	85.67	82.49
2030	81.44	86.98	84.21

자료 : 통계청, 2015

나는 30세가 되었을 때 "아, 이제 인생의 절반을 살았구나."라고 한숨을 쉬었다. 최영미 시인의 시집인 《서른, 잔치는 끝났다》를 읽고 격한 공감을 한 것도 그 때문이다. 그런데 그로부터 20년이 지난 뒤 50세가 되는 생일에 앞으로도 또 그 만큼의 시간을 더 살게 되리라는 것을 알게 됐다. 이런 놀라움은 나만의 것이 아닐 것이다.

인생의 절정을 지났다고 생각했는데 우리는 아직 오르막길을 오르고 있는지도 모른다. 그러므로 단념보다 새로운 도전에 몸을 던져야 할 것이다. 자신의 가능성을 마음껏 펼쳐볼 기회가 아직 많이 남아 있기 때문이다.

지금부터라도 하고 싶은 일을 실컷 할 수 있으며, 지금과는 전혀 다른 인생에도 도전해볼 수 있다. 이 얼마나 가슴 두근거리는 일인가! 그러므로 '이제는 늦었다' 라는 생각을 정말 그만두어야 한다.

이모작 인생을 준비하라

90세, 100세의 긴 인생을 살아가는 데는 중간의 휴식기와 재정비 기간이 필요하다. 60년 트랙을 달리기 위해 준비해온 연료로 100년 경주를 하기에는 무리이기 때문이다.

그동안 쉼 없이 달려온 경주에 지쳤다면 잠시 휴식도 취하고, 앞으로 남은 시간에 대한 전망도 세우는 것이 필요하다. 휴식으로 재충전된다면 인생 후반기 경주가 더 즐거울 것이기 때문이다.

속도를 줄이고 숨고르기를 하는 것이 필요한 시점이 바로 40세 전후가 아닐까 싶다. 40세가 중간 점검에 유의미한 숫자라는 것은 바로 '중년의 위기'를 통과하는 시점이기 때문이다. 미시간 대학의 임상심리학자인 벤저민 슈메이커는 35~45세의 직장인들을 대상으로 한 조사에서 이들에게 불만이 많다는 점을 알고, 이 시기를 '직업적 폐경기'라고 명명했다.

요즘 우리 주변에는 40세를 고비로 이러한 직업적 폐경기를 겪는 사람들이 늘어나고 있다.

40세가 되기 전 구조조정으로 인해 직장을 그만두거나, 스스로 긴 안목에서 볼 때 장래성이 없다고 생각해 직장을 그만두는 경우가 많다. '2미터 앞의 의자에 앉기까지 20년 장기근속'이 미덕이었던 종신 고용 구조는, 안정을 갈구하는 직장인들의 의식 속에서조차 사라진 지 이미 오래다.

중간 점검이 필요한 것은 현재의 기술 변화, 작업 환경의 변화를 따라잡기 위해서기도 하다. 누군가가 '스무 살 때 하던 일을 예순 살이 되어서까지 할 수 있는 사람은, 스무 살 때 대단치 않은 일을 하던 사람임에 틀림없다.'라고 이야기했다.

나이가 들수록 더 가치 있는 일, 고도의 지식과 기술이 필요한 일을 하기 위해서는 직업을 바꾸거나 재교육을 받는 것이 필요하다. 그래서 직업적 폐경기를 극복하고 새로운 길을 열어가기 위해서는 자신의 인생을 근본적으로 변화시키는 것이 필요한지도 모른다.

중간 점검을 통해 인생 후반전을 멋지게 열어가는 사람들을 '사회적 라이프스타일의 선구자'라고 부르자.

그 대표적인 성공 사례로 마더 테레사를 들 수 있다. 1997년 사망한 후 가장 빨리 준성자인 복자로 추대받은 그녀는, 세상 많은 사람들의 기억 속에 영원한 '콜카타 빈민촌의 대모'로 남아 있다.

그녀가 봉사의 삶을 시작한 것은 40세가 넘어서였다. 1910년 알바니아 인 부모 밑에서 태어난 그녀는 10대에는 선교사가 되겠다는 꿈을 갖고 있었다. 그녀는 10대에 수도원에 들어갔으며 인도로 보내졌다. 그곳에서 콜카타의 성 마리아 고등학교에서 20년 동안 부유층 자녀들을 가르쳤으며, 36세에 그 학교 교장이 되었다. 학생들을 가르치는 일을 즐기며 인도 상류층의 존경을 받는 그녀에게 어떠한 변화도 일어날 것 같지 않았다.

그러던 어느 날 학교 창밖을 지나가는 빈민들의 모습이 그녀의 뇌리에 선명하게 찍혔다. 그녀는 자기 내부에서 울려 퍼지는 부름에 귀를 기울였다. 그리고 안락한 생활을 포기하고 맨발로 빈민가로 걸어 들어갔다.

그녀가 '사랑의 선교회Missionaries of Charity'를 창설한 것은 그녀의 나이 40세였다. 이 단체는 점점 커져서 인도와 전 세계에 119개의 지부를 두고 300만 명이 넘는 회원을 거느리게 됐다. 그녀가 처음 빈민가로 걸어 들어갔을 때만 해도 의지가 강한 지도자도 아니었고, 대중들의 마음을 움직이는 유창한 연설가도 아니었다. 하지만 자신의 인생을 180도로 바꾼 단호함이 있었기에 점점 정신적 지도자로서 성장할 수 있었던 것이다.

만약 그녀가 조금 더 이른 나이에 빈민가로 들어갔더라면 그토록 성공적인 변신을 이루지 못했을지도 모른다. 어느 정도의 세상 경험이 풍성한 열매를 맺을 수 있는 단단한 씨방 노릇을 한 것이다.

40세가 넘어서 전혀 새로운 일에 도전해야 하는 사람들은, 이때까지 노력해서 쌓은 지위, 능력을 포기해야 한다는 생각에 주저하지 않을 수 없다. 하지만 지금까지 해보지 않았던 새로운 일에 도전하는 데 필요한 능력은 이전의 다른 일을 통해서 어느 정도는 축적돼 있다. 그래서 40세까지 어떻게 살아왔느냐, 무엇을 해왔느냐가 중요한 것이다.

나비는 애벌레의 시기를 거친 뒤에야 눈부시게 날갯짓을 한다. 인생 또한 마찬가지다. 40세까지 어떻게 살아왔느냐가 40대 이후에 멋진 인생을 보장해주는 것이다.

성공적인 노후는 갈수록 어려워진다?

'나이'에 대해 찬양하는 나에게 가까운 친구들이 물어온다.

"너 정말 나이 드는 게 좋니? 나이 든다는 것이 서글프지 않아?"

"아니, 나이 들면서 나는 친구도 더 많이 생겼고, 아는 것도 더 많아지고, 경험도 쌓이고, 무엇보다 통장의 돈도 불어났고……."

나는 '나이 들어서 좋다'라고 진심으로 생각하는 편이다. 그래도 가끔 거울을 들여다보면 속상해질 때가 있다.

'아무리 노력해도 10년 전의 모습은 되찾을 수가 없구나.'

늘어나는 주름살이 억울하게 느껴지면 10년 뒤의 나를 상상해본다. 10년 뒤에는 눈 밑은 더 처질 것이고, 아랫배도 더 나올 것이다. 아무리 화장을 해도 늘어나는 주름살을 감출 수 없을 것이고, 저도 모르게 콜라겐과 보톡스 수술을 찾게 될지도 모른다. 그때에는 또 이렇게 한탄할 것이다.

'10년 전의 나는 정말 괜찮았는데……'

결국 '젊음'과 '늙음'은 상대적인 문제라는 생각이 든다.

사실, 노년기는 여러 가지 부정적인 상황이 많이 일어나는 시기다. 우선 나이를 먹어가면서 육체적·정신적인 변화에 앞서 역할 상실을 겪게 될 것이다. 빨라진 퇴직, 핵가족화 등에 따라 직장과 가정에서 자신의 의미는 점점 미미해진다. 갈 곳이 사라지면서 건강에도 적신호가 찾아온다. 관절은 삐걱거리고 눈과 귀는 어두워진다. 총기는 사라지고 세상만사도 시들시들해진다. 육체적 변화가 정신적인 자부심마저 좀먹는 것이다.

육체의 변화와 함께 20, 30년 뒤 한국 사회가 어떻게 변할 것인가에 대한 이해도 필요하다. 그런데 우리 세대가 처하게 될 노년기 사회 환경은 한마디로 비관적이다.

우선 지금의 30, 40대는 이곳저곳 직장을 옮겨 다니기 때문에 거액의 퇴직금을 기대하기 어려워질 것이다. 연금제도 역시 불안정하다. 연금제도는 현역 세대가 낸 보험료로 은퇴 세대에게 연금을 지급하는 '부과방식'이다. 이 방식이 제대로 운영되려면 세대 간 숫자가 비슷하게 유지돼야 한다.

그러나 출산율이 떨어지면서 아이들 숫자는 줄어만 갈 것이다. 선진국의 경우를 보더라도 현재 30, 40대들은 더 많은 연금보험료를 내고, 더 적은 연금을 받는 것을 각오해야 한다.

게다가 과거 같으면 나를 돌보아주어야 할 자녀가 노년기에까지 나의 부양이 필요한 존재로 남을 것이 두렵다. 취업은 힘든데 창업으로 자리 잡을 가능성은 더욱 적은 경제 빙하기에 우리들 자녀 세대는 청년기를 보내게 될 모양이다.

자녀들은 자립이 늦어지는 만큼 정신적, 사회적 침체를 겪게 되고 이들을 지켜보는 부모들의 마음은 답답할 뿐이다.

생각하면 할수록 비관적이 되지만, 그래도 노년기에 어떤 상황이 벌어질 것인지를 정확하게 파악하는 것이 필요하다. 자기 주위에 일어날 상황들을 잘 이해하는 사람만이 미래를 제대로 준비할 수 있기 때문이다. 준비한 사람에게는 낭패가 없다.

여기서 꼭 알아두어야 할 점이 노년기에는 경제적 능력, 건강, 인간관계에서 개인차가 가장 많이 벌어진다는 점이다. 노년기는 평생 살아온 역사가 누적되는 시기이기 때문이다. 젊었을 때부터 자기 관리를 잘한 사람들은 나이 들어서도 건강하며, 풍족하고 여유로운 생활을 즐기지만, 자기 관리에 실패한 사람에게는 노년이 '삼고三苦, 질병·가난·고독'로 시달리는 시기다.

셰익스피어의 희곡《한여름 밤의 꿈》가운데 다음과 같은 대사가 나온다.

"끝이 좋으면 다 좋다."

이 말은 인생에도 똑같이 적용할 수 있을 것이다. 젊은 시절 가난과 좌절을 겪더라도 말년에 성공한다면 그 사람은 고난의 대가를 받는 것이며 훌륭한 인생을 보낸 것이다.

인생에서 전반전보다 후반전이 더 중요하다는 것은, 전반전은 태어날 때 주어진 조건에 좌우되기 때문이다. 다시 말해서 젊은 시절 가난과 좌절을 겪는 것은 그 사람의 가정환경과 교육의 기회가 크게 작용하기 때문에 그 사람의 잘못이라고 볼 수 없는 것이다.

그러나 후반전은 바로 자신의 책임이다. 인생 후반기야말로 자신이 만들어가는 인생인 것이다. 누군가가 '하루가 얼마나 훌륭했는지를 알기 위해서는 저녁이 오기까지 기다리지 않으면 안 된다.'고 말했는데, 이 말이야말로 노년이 바로 인생을 최종 평가하는 시기라는 의미를 담고 있다.

성공한 노년을 상상해보자. 모든 조직의 고위층은 나이 든 사람들이 차지하고 있으며, 은행에서 VIP로 깍듯하게 대접을 받는 사람들도 대부분 노인들이다.

이 사람들이야말로 시작보다 끝이 좋은 사람들이다. 끊임없는 도전으로 자신의 길을 개척해온 사람들은 노년기에 '원로' 또는 '자수성가'한 사업가로 대접받는다.

심지어 젊음이 절대적으로 유리한 '육체적 아름다움'에서도 그렇다. 팽팽한 피부와 근육은 사라졌지만, 노년을 성공적으로 살아가는 이들은 주름살이 훌륭한 액세서리 역할을 한다. 이들에게는 젊은 사람들이 아무리 흉내 내려고 해도 따라 할 수 없는 무게와 깊이가 있다. 인생 후반전에서의 성공은 바로 자기 노력의 산물이라는 점에서 더욱 가치가 있다.

간혹 "늙는 게 너무 싫어."라고 말하는 젊은 사람들을 보게 된다. 젊음과 활력을 숭배하는 우리 사회에서 늙어간다는 것은 비극으로 보인다. 하지만 이들은 노년기가 얼마나 값지고 풍요로울 수 있는지를 모르는 사람들이다.

그렇다면 노년기를 잘 보내기 위해 필요한 것이 무엇일까? 지금부터 준비해야 하는 것이 무엇일까?

우선 이 책을 꼼꼼하게 읽을 것을 제안한다. 이 책의 목적이 바로 늙어가는 것을 긍정하며, 멋지게 늙어가는 방법을 제시하는 것이기 때문이다.

노년을 잘 보내기 위해서 필요한 것이 노후 자금을 마련하는 것만은 아니다. 물론 여유 있는 노후를 위해서 돈은 기본이다. 하지만 돈은 노년기에 불행해지는 것을 막아주는 역할을 할 뿐이지, 그 자체가 행복을 가져다주는 것은 아니다.

오히려 건강을 지키고 가족이나 주위 사람들로부터 정서적인 지지를 받을 수 있도록 좋은 관계를 유지하는 것, 죽는 날까지 자기 인생에 목적을 부여하는 동기가 더 중요하다. 또 인생을 잘 마무리할 수 있도록 죽음에 대해 미리 생각하는 것도 필요하다.

이 책은 노후 준비로 건강을 위한 준비, 경제적인 준비, 자녀와의 관계, 배우자와의 관계, 사회 참여, 취미생활, 죽음 준비 등 7개의 장으로 나누어 정리했다. 필요한 경우 각 분야의 전문가들을 취재하기도 했지만, 대부분 나의 경험과 생각들을 위주로 했다.

노년기에 대한 생각, 또 행복에 대한 기준이 개인에 따라 모두 다르기 때문에 내가 제시한 '노후 준비'가 주관적인 대목도 적지 않을 것이다. 하지만 노인 문제를 접하면서, 또 노인 복지를 위해 일하는 사람들을 통해 깨달은 진리는 한 가지다.

'모든 사람은 늙어가지만 인간성은 변하지 않는다. 젊을 때 살던 모

습대로 늙어간다.'

이 책이 '인생 이모작'을 요구하는 변화의 시대에, 멋진 후반전을 원하는 사람들에게 좋은 안내서가 됐으면 한다.

엉덩이를 흔들면서 살아라.
적당한 운동을 하고 근육을 움직이는 것을 통해
우리 몸은 몇 번이고 다시 태어난다.

Chapter 1

건강

아무나 늙는 것은 아니다

부자가 되려면
우선 건강을 유지하라

일본 나라현奈良縣 이카루가초斑鳩町에 위치한 한 절을 소개하고자 한다. 나라현 이카루가초라고 하면 문화재에 관심이 있는 사람은 당장 '금당벽화'와 '백제관음보살상'을 떠올릴 것이다. 이곳이 바로 옛날 백제 사람들이 일본으로 건너가 정착한 곳으로, 백제 문화가 일본에 처음 전파된 곳이기도 하다. 특히 백제 사람들의 미의식을 그대로 느낄 수 있는 백제관음보살상은, 유네스코의 세계 문화유산으로 지정된 호류지法隆寺의 특별 전시실에 모셔져 있다.

그런데 내가 이야기하고자 하는 절은 호류지가 아니라 호류지에서 10분 정도 떨어진 곳에 있다. 관광객들로 1년 내내 붐비는 호류지에 비할 바는 아니지만, 나름대로 꽤 알려져 있는 절이다. 대나무 숲에 둘러싸여 처음 방문하는 사람은 길 찾기도 어려울 정도지만, 1년 내내 법회를 드리려는 사람들의 발길이 끊이지 않는다고 한다.

이 절은 '기치덴지(喜知天寺)'라는 원래 이름보다 '폿구리테라'라는 별칭으로 더 알려져 있다. '폿구리'라고 하면 '별안간'을 의미하는 의성어다. '테라'는 '절'을 의미한다. 절 이름이 바로 '갑작스런 죽음, 돌연사'를 의미한다. 이 절이 유명해진 것은 1990년대다. 일본의 고령화가 한층 심각해지는 때였다.

사람은 나이가 들어가면서 죽음에 대해 생각하게 마련이다. 죽음에 대한 두려움, 죽음 이후 세계에 대한 궁금증에 더해, '이왕이면 어느 날 갑자기 죽는, 편안한 죽음'을 원하는 것이다. 이 절이 바로 편안한 죽음을 기원하는 곳인데, 그 연유는 이 절의 창건 신화에 있다.

지금으로부터 천 년 전이라고 하면 일본의 불교가 귀족의 비호를 받아 번창하던 시기였다. 당시 에신승(惠心僧)이라는 훌륭한 스님이 있었는데, 이분은 효심이 아주 두터웠다고 한다. 그가 어머니의 임종 시, 편안하게 돌아가실 수 있도록 자신이 기도를 올릴 때 입었던 옷을 입혀드렸다고 한다. 덕분에 어머니가 고통 없이 편안하게 돌아가셨다고 하며, 에신승은 어머니의 3주기를 기려 이 절과 본존 아미타여래상을 만들었다고 한다.

이러한 역사가 유래가 되어, 이 절의 본존불상 앞에서 기도를 올리면 장수와 편안한 죽음을 이룰 수 있다는 속설이 생기게 된 것이다. 특히 속옷을 불단 위에 올려놓고 기도를 드린 뒤 그 속옷을 집에 가져가서 입으면 죽기 전까지 다른 사람으로부터 하반신의 시중을 받지 않는다는 속설이 있는데, 이곳을 찾는 노인들은 이를 철석같이 믿는다고 한다.

하반신의 시중이란, 기저귀를 차거나 다른 사람의 손을 빌려 용변을 보는 것을 지칭하는 것인데, 노후의 가장 큰 불안 가운데 하나라고 할 수 있다.

그곳을 방문했을 때, 마침 기도를 드리러 온 여성이 있었다. 아직 50대로밖에 보이지 않아 "자리에 눕거나 죽음을 생각하기에는 아직 젊은데 왜 이런 기도를 올리느냐?"고 물었다. 그랬더니 자신이 10여 년 동안 부모님을 돌보았던 경험 때문에 일찌감치 이 문제를 생각하게 되었다고 한다. 자신은 마지막까지 자립 생활을 해 다른 사람에게 어려움을 주고 싶지 않다는 것이다. 노후 수발이란 하는 사람에게나 받는 사람에게나 모두 고통스러운 일이다.

물론 속옷을 놓고 빌었다고 자리 수발을 받지 않을 것이라는 것은 얼토당토않다. 폿구리테라가 노인들의 명소가 된 것은 바로 '사찰 마케팅'이 성공한 결과다. 노인들의 불안감을 이용하여 절에서 비싼 불공을 올리게 한다는 점에서 실버 산업의 성공적 예로 보아야 할 것이다. 물론 노인들이 질병이나 장애 없이 노년을 보내고 싶어 하는 심정이 절실하다는 것은 말할 필요도 없다.

평균 수명이 길어질수록 병수발을 받는 기간 역시 길어지고 있다. 이는 공중보건이 발달한 일본이나 첨단의료로 무장한 미국의 경우도 마찬가지다.

미국 은퇴자협회 자료에 따르면, 미국에서 70세 이상의 노인 가운데 심각한 의존 상태에 빠진 노인이 수발을 받아야 하는 기간이 평균 5~6년이라고 한다. 또 일본의 경우에는 사망 전 자리에 누워 지내는 기간이 3년 이상인 경우가 전체 인구의 19%를 넘었다.

더 심각한 문제는 이들을 수발 들어줄 가족이 사라지고 있다는 점이다. 가족 구조의 변화, 일하는 여성들의 증가에 따라 가족의 힘만으로 수발이 어렵게 됐다. 결국 수발을 전문으로 하는 유료 간병 서비스에 기댈 수밖에 없는데, 이 비용이 만만치 않다.

한국의 경우 너싱홈에 들어가는 비용이 한 달에 100만~200만 원 수준이다. 심지어 한 달 입원비가 600만 원인 노인 병원도 있다. 1년만 입원해도 수천만 원이 든다.

설상가상으로 암이나 중대 질병에 걸린다면 죽기 전에 지불해야 할

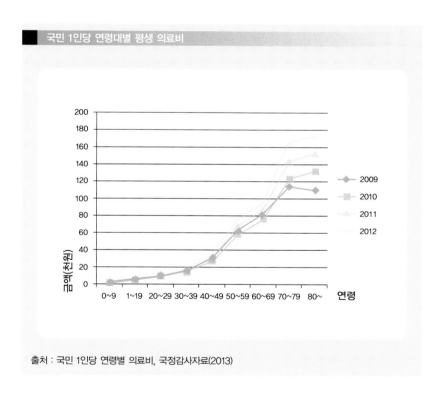

출처 : 국민 1인당 연령별 의료비, 국정감사자료(2013)

비용은 급증한다. 한국인의 경우 생애 암 발생 확률이 36.9%이며 주요 암의 평균 치료 비용이 3천만 원에 육박하며, 가지고 있는 금융자산의 63%를 소진한다는 통계도 있다. '빈손으로 와서 빈손으로 간다.' 는 말이 단순한 비유가 아니라 이제는 현실이라는 것이다.

결국 노년기에 질병이나 장애에 걸리는 것은 재산 손실을 의미한다. 의료 간병 서비스가 철저하게 시장에 맡겨져 있는 미국의 경우, 많은 노인들이 재산의 대부분을 간병 비용으로 쓰고 죽는다고 한다. 한국의 경우는 준비가 안 된 부모의 간병 비용마저 젊은 세대가 짊어지지 않으면 안 되기 때문에 중년 세대들의 어깨가 더욱 무겁다.

결국 건강을 지키는 것만이 가난해지지 않는 방법이다. 나아가, 건강해야 노후에도 계속 일을 할 수 있고, 보람 있는 노후 생활이 가능하다. 사람은 나이가 들면 몸에 조금씩 이상이 생기고 질병에 걸리기 쉽다. 하지만 건강한 생활 습관에 따라 노화를 늦추고 더 오래까지 활기찬 생활을 할 수 있다.

꾸준히 운동을 할 것, 뼈가 약해지지 않도록 우유를 마실 것, 담배는 끊고 술은 적당히 즐길 것, 신선한 야채와 균형 잡힌 식단으로 식사할 것 등 건강한 습관이야말로 노화 과정을 억제할 수 있는 비결이다. 그런데 많은 사람들이 이를 모르는 것이 아니다. 건강한 습관 대신 나쁜 습관이 몸에 밴 탓에 이를 실천하지 못하는 것이다. 우리 몸은 매일매일 하는 생각과 행동의 축적물이다. 지금이라도 자신의 습관이 건강한 노후를 준비하고 있는지 점검해볼 일이다.

건강 10훈

1. 소육다채 – 고기는 적게, 야채는 많이 섭취할 것

2. 소염다수 – 염분은 적게, 식초는 많이 섭취할 것

3. 소당다과 – 설탕은 적게, 과일은 많이 섭취할 것

4. 소식다작 – 식사량은 적게, 대신 많이 씹을 것

5. 소차다보 – 자동차를 적게 타고 많이 걸을 것

6. 소의다욕 – 옷을 얇게 입고 목욕을 많이 할 것

7. 소번다면 – 번뇌는 줄이고 근면할 것

8. 소분다소 – 화는 조금, 많이 웃을 것

9. 소욕다시 – 욕심을 줄이고 다른 사람에게 많이 베풀 것

10. 소연다행 – 생각은 줄이고 행동을 많이 할 것

간병 필요 자금은
지금부터 준비하라

"아니, 자식이 혼자예요? 어머님이 늘 혼자시네요."

80대 어머니가 골절로 지방의 요양병원에 입원했다는 소식을 듣고도 회사일 때문에 이틀이 지난 뒤에야 요양병원을 찾아간 A씨. 4인 병실에서 공동 간병을 하는 간병인의 지청구가 가슴을 후벼 판다.

"저쪽 침대 쓰는 할머니는 며느리들이 교대로 찾아와서 어찌나 효도를 하는지……. 지금도 식사 대접한다고 모시고 나갔네요."

아픈 어머니를 돌보아주는 간병인이다 보니, '남의 사정도 모르고 함부로 말하지 마시라.'는 항변도 못하고 A씨는 쓴웃음만 삼켜야 했다. 고령에 혼자서 힘들게 병원 생활을 해야 하는 어머니도 마음 아프지만, 그렇다고 당장 회사일을 접고 어머니 곁에만 붙어 있을 수도 없는 자신의 처지도 마음이 아팠다. A씨는 외아들인데다 오래전에 이혼을 해서 어머니를 돌봐줄 며느리가 없는 것이다. 수소문 끝에 A씨는 자신의 회사 근처에 있는 평판이 꽤 좋은 요양원을 찾아낸 뒤, 그곳으로 어머니를 옮기고 아침저녁으로 찾아보기로 했다.

이러한 딱한 사정은 A씨만의 일이 아니다. 수명이 늘어나는 한편으로는 사망 전까지 병원신세를 지어야 하는 기간도 길어지고 있다.

우리나라 사람들의 평균 건강 수명이 70세인데 평균 수명은 80세가 넘으니 대부분의 사람들이 5~10년을 앓다가 죽는 셈이다. 게다가 나이가 들면 암뿐만 아니라 치매에 걸릴 확률이 높아진다. 치매 환자를 돌보기 위해서는 누군가가 하루 6~9시간을 옆에 있어야 하며 이 때문에 가족이 직장을 그만두는 일도 비일비재하다. '긴 병에 효자 없다.'는 속담처럼 장기간 수발에 따른 가족 갈등이 심각해졌고, 자식에게 짐이 되기 싫다는 노인들이 동반자살 등의 극단적 해결책을 찾기도 했다.

의료비와 간병비도 만만치 않다.

이처럼 간병 서비스에 대한 필요성이 높아지면서 우리나라에서는 2008년 장기요양보험제도가 도입됐다. 건강보험료와는 별도로 보험료를 내며 이를 재원으로 삼아 수발 판정을 받은 노인들에게 필요한 수발 서비스를 제공하는 제도다. 이때 노인들은 자기 부담금을 20%만 내면 된다. 예전에는 요양원이나 노인병원에 들어가려면 최소한 월 200만 원의 돈을 지불해야 했지만 장기요양보험제도 덕분에 이러한 개인 부담은 크게 줄었다.

A씨의 경우에도 입원비, 의료비, 공동 간병인 비용으로 120만 원 정도를 지불하기로 했다. 다행히 어머니는 당신을 위한 간병 비용을 따로 준비해둔 터라 그의 시름을 덜어주었다.

2008년에 도입된 장기요양보험제도에서는 노인들의 신체 활동이나 정신 수준에 따라 5개 등급으로 나누어 차등적으로 간병 비용을 지원하고 있다. 개인 부담은 식사재료비, 이미용비 등 보험이 안 되는 항목을 제외한 비용의 20% 정도다.

수발 서비스가 필요한 초고령 인구가 늘어남에 따라 보험료가 인상되는 등 사회적 부담도 적지 않지만 수발이 필요한 상태가 되었을 때 누구라도 도움을 받을 수 있는 사회적 장치가 마련되었다는 점에서 다소 안심이 된다.

그렇다고 하더라도 내 준비는 필요하다. 수발에 필요한 비용은 보험료로 충당을 하더라도 시설의 수준이나 식사, 개인 간병인 등에 대한 비용은 개인의 지불 능력에 따라 현저히 달라지기 때문이다.

이번 일을 겪은 뒤 A씨는 자신의 노후를 위해서 당장 간병보험에 가입하기로 했다. 최근에는 보험회사들이 다양한 보험 상품을 내놓고 있어 이를 참고해볼 수도 있다. 질병이든 상해든 청구된 치료비의 90%까지를 보장해주는 실손보험도 눈여겨볼 필요가 있다. 여기에 진단비 특약을 넣으면 암과 같은 고액 치료비가 드는 질병 진단비를 지원해준다. 보험 상품을 고를 때에는 보장 범위가 넓은 상품을 고르도록 하며 단서 조항이 많은 보험은 피해야 한다. 또 보험에 가입할 때에는 상품 내용을 완벽히 숙지하는 것이 필요하다. 상품 광고나 소개를 통해 가입하면서 보장 내용이나 조건 등을 충분히 이해하지 않아 나중에 후회하는 일이 많이 생기기 때문이다.

머리로 살지 말고
엉덩이로 살아라

 일본 장수 과학 종합연구소에서 쥐를 대상으로 아주 재미있는 실험을 했다.

 쥐를 네 그룹으로 나누어, 쳇바퀴가 있어 운동을 할 수 있는 환경, 미로가 있어 학습을 할 수 있는 환경, 다양한 놀잇감이 있는 환경, 아무것도 없는 환경에 각각 두었다. 일정 기간이 지난 뒤 쥐의 뇌세포가 어떤 변화를 겪었는지를 관찰했다. 변화는 뇌의 해마 부위에서 일어났다. 뇌의 측두엽 안쪽에 위치, 학습 능력과 관계가 있는 해마를 관찰했더니 이곳의 신경세포가 각각 다르게 증가한 것을 볼 수 있었다.

 신경세포는 체세포와는 달리 증가하지 않은 것으로 알려져 있었지만, 최근 연구에서 신경세포 역시 분열한다는 사실이 밝혀졌다. 뇌세포는 어린아이의 뇌에서는 활발하게 분열하지만, 성인이 되면 더 이상 증가하지 않으며 감소할 뿐이라고 알려져 있었다. 따라서 모든 사람들이 나이가 듦에 따라 기억력이 감소하는 것은 어쩔 수 없는 일이라며 체념하고 있었는데, 이 실험을 통해 나이와 상관없이 뇌세포가 증가해 학습 능력이 향상된다는 사실이 확인된 것이다.

쥐를 대상으로 한 위의 실험은, 뇌에서의 신경세포가 어떤 환경에서 가장 많이 증가하는가를 살펴보기 위한 것이었다. 일정 시간이 지난 뒤에도 뇌신경세포가 거의 증가하지 않은 그룹은 예상대로 아무런 자극이 없는 환경에 있었던 쥐들이었다. 그런데 뇌신경세포가 가장 많이 증가한 그룹은 학습 그룹이나 다양한 놀잇감이 있는 환경이 아니라 운동기구가 있는 환경이었다고 한다. 물론 학습 그룹이나 자극이 많은 환경에서도 신경세포 증가를 관찰할 수 있었다.

운동기구가 있는 환경에서 뇌신경세포가 가장 많이 증가했다는 이 결과는 조금 의외라고 할 수 있다. 운동을 통해 몸을 단련한다는 것은 의문의 여지가 없지만, 지능을 개발한다는 것에는 쉽게 납득이 가지 않기 때문이다. 운동선수들은 머리가 나쁘다는 식의 편견을 갖고 있는 사람일수록 이 실험 결과가 믿기지 않을 것이다. 그런데 어린아이도 많이 움직이는 아이들이 지능이 더 빨리 개발된다는 육아 학자들의 보고를 들으면 어느 정도 납득이 된다.

그런데 재미있는 것은 이렇게 생긴 세포가 일정 시간이 지나면 사라진다는 것이다. 위의 실험에서는 학습을 통해 증가한 뇌신경세포의 경우 한 달 뒤 거의 대부분 사라졌음을 알 수 있다. 반면 가장 오랫동안 유지된 그룹이 바로 운동을 한 그룹이었다.

운동을 통해 생성된 뇌신경세포가 더 오래 지속된다는 점은 시사하

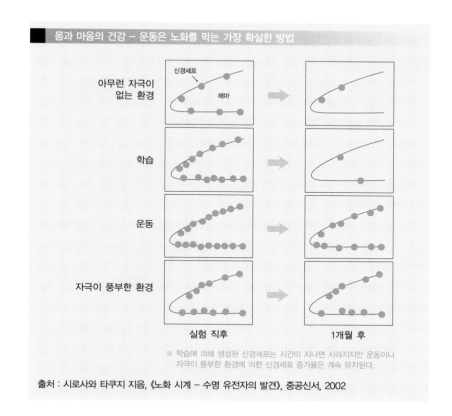

출처 : 시로사와 타쿠지 지음, 《노화 시계 – 수명 유전자의 발견》, 중공신서, 2002

는 바가 크다.

　독일의 의학전문 기자인 베르트 에가트너Bert Ehgartner는 그의 저서 《살아가는 법칙Die Lebens Formal》에서 행복하고 오래 살 수 있는 7가지 조건을 이야기했는데, 그 가운데 한 가지가 '엉덩이를 흔들면서 살라'는 말이 아주 인상적이었다.

　망측하게 엉덩이를 흔들라니? 물론, 가만히 앉아 있지 말고 끊임없이 몸을 움직이라는 얘기일 것이다. 적당한 운동을 하고 근육을 움직이는 것을 통해 우리 몸은 몇 번이고 다시 태어난다고 한다. 노화란 몸의 항상성이 흐트러지는 과정이라고 할 수 있는데, 운동을 통해 균형을 회복할 수 있기 때문이다. 피로를 푸는 데도 역시 운동이 중요하다. 오후에 몸이 피곤할 때 가볍게 체조를 하면 피로가 감쪽같이 사라지는 것을 경험할 것이다.

피로는 그때그때 풀어주는 것이 좋은데, 피로가 쌓이면 질병으로 발전하기 때문이다. 특히 신체 가운데 평소 취약한 부위에 질병이 덮친다. 위가 좋지 않은 사람이 무리를 하면 위장병이 생기고, 신장이 나쁜 사람이 과로를 하면 신장 질환에 걸리게 된다. 그렇지만 피로를 풀기 위해서 무조건 자리에 드러눕는 것은 옳지 않다. 적당한 휴식과 함께 운동을 통해 몸의 항상성을 회복해야 한다.

운동의 효과는 신체를 단련하는 데만 있는 것이 아니다. 운동은 면역체계가 노화하는 것을 막아주기도 한다. 운동을 하는 것은 신체에 어느 정도의 스트레스를 주는 것인데, 우리 몸은 이런 스트레스에 대응할 수 있는 능력을 갖추고 있다. 이것이 면역이다. 그런데 나이가 들면 면역체계도 역시 노화한다. 이 때문에 노인들이 더 자주 병원을 찾게 되는 것이다. 따라서 나이가 들수록 운동이 더 중요해지는 것이다.

나는 다행히 운동을 좋아하는 편이다. 사실은 복잡하게 생각하기보다 단순하게 몸을 움직이는 것이 훨씬 즐겁다는 얘기다. 그런데 업무가 밀렸을 때는 갈등에 빠진다. 책상 위에 쌓인 자료와 원고를 보면서 운동을 하러 가는 것이 사치라고 생각되어질 때가 있기 때문이다. 책상 앞을 떠나고 싶지 않은 유혹에 빠질 때마다 나는 위의 실험을 생각한다. '운동' 이야말로 더욱 확실하고 장기적으로 두뇌를 자극하고 업무

효율을 높이는 방법이라고. 바빠서 운동을 못한다는 사람들은 노년기 치매에 걸릴 위험이 높음은 물론, 기획회의에서 번득이는 아이디어를 내놓지 못한다는 점을 기억해야 할 것이다.

운동도 역시 젊어서부터 몸에 익혀두지 않으면 안 된다. 나이가 들어 운동을 시작하는 것은 정말 어렵기 때문이다. 그래서 누군가는 '노인이 돼서 운동을 시작한다면 그는 더 이상 노인이 아니다.' 라고 말했을 정도다.

고양이나 개들도 낮잠에서 깨어나면 길게 몸을 뻗는 것을 기억하자

현대인들은 하루 종일 컴퓨터 앞에서 일을 한 뒤에 자동차에 올라타고 집으로 돌아온다. 집으로 돌아오면 앉아서 식사를 하거나 소파에 기대어 텔레비전을 시청한다. 우리들의 일상에서 몸을 움직이는 일은 줄어들기만 한다. 책상에서 일어설 때나 틈이 있을 때마다 스트레칭으로 몸을 풀어주도록 한다. 간단한 스트레칭만으로도 몸의 유연성을 유지할 수 있다.

걷기 운동으로 시작해보자

걷기는 유산소운동의 대표 격으로, 쉽게 시작할 수 있으며 효과도 크다. 미국의 맥도날드 매장에서 만보기를 나누어주거나, 일본 여기저기서 걷기대회가 개최될 정도로 전 세계 많은 사람들이 걷는 것으로 건강을 지켜가고 있다. 하지만 걷기 운동 역시 자신의 체력에 맞게 적절하게 해야 효과가 크다.

과도한 운동은 피한다

'직업별 평균 수명'을 보면 운동선수의 평균 수명67.3세이 짧은 것을 알 수 있다. 누구보다 건강해야 할 체육인의 수명이 이처럼 짧은 것은 바로 과도한 운동으로 인해 활성산소가 발생했기 때문이다. 운동은 자기 체력에 맞게, 지나치지 않게 해야 한다.

운동 전에 녹차를 마셔라

녹차는 중성지방을 분해, 피하지방이 쌓이지 않게 하는 효과가 있다. 운동을 통해 지방을 연소하는 데 녹차가 촉매제 역할을 한다. 운동은 또 식욕을 억제하는 효과가 있다. 식탐이 날 때 조깅화를 신고 밖으로 나가는 것은 어떨까?

헐떡거리면서 달리지 마라

중국에서 장수한 지도자로 손꼽히는 마오쩌둥과 덩샤오핑은 산책과 수영으로 건강을 지켰다고 한다. 덩샤오핑은 정치적 부침이 심한 삶을 살면서 스트레스가 심했을 법한데도 93세까지 장수했다. 그가 장수 비법으로 꼽은 것이 산책, 체조, 수영이었다고 한다. 평생 담배를 줄기차게 피워댔던 마오쩌둥도 84세까지 살았다. 그는 74세 때 그를 따르던 군중들과 함께 수영으로 강을 건넌 일이 있다. 적당한 속도의 산책과 수영은 활성산소를 거의 발생하지 않는 운동이다. 숨을 헐떡거리면서 운동을 하면 노화를 촉진하는 활성산소를 많이 발생하게 한다. 달리기를 할 때에도 자신에게 맞는 맥박수를 정해 일정한 속도로 달리는 것이 중요하다. 달릴 때의 맥박수는 분당 평상시 맥박수+(측력계로 측정한 최대 맥박수−평상시 맥박수)×0.6+5이다.

새로운 스포츠에 도전하라

운동을 열심히 하다 보면 싫증을 느낄 때가 있다. 이때 종목을 바꿔 새로운 스포츠를 배운다면, 단조로움과 싫증을 극복할 수 있다. 운동을 하는 목적은 지구력, 힘, 유연성, 균형성을 모두 향상시키는 것인데, 한 종목으로 이 네 가지 목적을 충족시키기 어렵다. 지구력을 길러주는 달리기나 자전거 타기 외에도 유연성을 길러주는 체조, 스트레칭, 균형 훈련이 되는 골프나 탁구, 근력 운동에 해당하는 아령 등 종목을 바꾸어가며 한다면 운동 능력을 균형 있게 발달시킬 수 있다.

Tip

국민체조 따라하기

매일 아침이면 경쾌한 반주음과 함께 구령 소리가 온 동네에 울려 퍼지던 시절이 있었다. 바로 1977년 3월에 확정된 '국민체조'다. 국민체조의 동작은 간단하고 쉬우면서 남녀노소 누구나 따라 할 수 있다는 데 의의가 있다.

특히 목·어깨 등을 움직이는 동작이 많아 평소 운동이 부족한 상체 관절 부위의 경직된 근육을 효과적으로 푸는 효과가 있다. 또 국민체조의 열두 가지 동작 중에는 달리기·점프하기·숨쉬기 등 기초체력 강화에 필수적인 동작들이 두루 포함돼 있다. 그래서 심폐 기능 향상이나 골밀도 강화 등에 좋은 운동이다.

너무 오래전 일이라 이제는 잊어버렸다고 걱정할 필요는 없다. 국민생활체육회 홈페이지에 들어가면 동영상 서비스를 통해 다시 배울 수 있다.

국민생활체육회 www.sportal.or.kr

활성산소를 막아라

장수하는 동물로 대표적인 것이 학과 거북이다. 보통 '학은 천 년을, 거북은 만 년을 산다.'는 말이 있다. 실제 학의 수명은 40년 정도, 거북은 이보다 더 오래 산다고 해도 만 년이라는 말은 터무니없다. 그런데 왜 학과 거북이 장수를 상징하는 동물이 됐을까?

이 의문을 푸는 데는 학과 거북의 '슬로 템포'에서 단서를 찾을 수 있을 것 같다.

학이나 거북의 행태를 관찰해보면, 야생 동물의 생존을 위한 민첩성이나 긴장감은 눈을 씻고 보아도 찾을 수 없다. 논 한가운데 한 발을 들어 올린 채 졸듯이 먼발치를 바라보고 있는 학이나, 딱딱한 등껍질 속에 몸을 숨기고 느릿느릿 모래사장을 기어다니는 거북도 한결같이 슬로 템포다.

그런데 이 슬로 템포야말로 요즘 노화의 주범으로 꼽히는 활성산소로부터 몸을 보호하는 방식이다.

활성산소란 우리가 호흡을 하고 음식을 분해해 에너지를 만드는 과정에서 만들어진 '체내의 폐기물'이다. 이 활성산소가 체내를 돌아다니면서 건강한 세포를 공격해 질병을 일으키고 노화를 재촉한다. 또 DNA를 손상시켜 암을 유발하기도 한다. 활성산소가 혈관벽에 작용하면 혈관이 딱딱해져 고혈압과 뇌졸중, 협심증을 일으킨다.

그런데 활성산소가 아무리 나쁘다 해도 이것이 발생하는 것을 근본적으로 막을 수는 없다. 활성산소는 바로 인체의 생명 유지 활동에서 발생하는 것이기 때문이다. 사람은 산소 공급이 5분만 중단돼도 생명이 위태롭다. 그만큼 산소는 생명 유지의 필수 조건이다. 그런데 몸 안에 들어온 산소가 100개라면 이 가운데 75개는 에너지 발생에 사용되고, 25개는 활성산소가 된다. 이 중 20개 정도는 활성산소 제거 효소인 SOD 등에 의해 제거되고, 나머지 5개는 박테리아나 바이러스를 제거하는데, 맡은 임무를 담당하고도 남아도는 활성산소가 DNA와 세포막 등을 무차별 공격하는 것이다.

활성산소가 필요 이상 생기는 이유는 다음과 같다.

스트레스와 자외선, 과식, 중금속 오염, 영양 및 미네랄 불균형, 운동 부족이나 무리한 운동, 환경 호르몬 등이 원인이다. 따라서 이런 요소들을 줄여 나가는 것이 우리가 활성산소를 줄이고 오래도록 건강하고 젊게 살기 위해 할 수 있는 일들이다. 활성산소를 억제하기 위해서는 다음의 방법을 추천한다.

플라보노이드, 폴리페놀, 카테킨, 베타카로틴 등의 이름을 기억하라

이들은 대표적인 항산화 물질로 노화 방지에 도움이 된다. 비타민C도 항산화 작용을 한다. 플라보노이드는 포도주, 차, 과일, 채소에 많으며, 최근에는 아몬드 껍질에 많다는 것이 밝혀졌다.

폴리페놀은 붉은 와인에 풍부하게 들어 있다. 붉은 와인은 심장 질환 감소, 노화 방지 등의 효능이 뛰어난 것으로 널리 알려져 있다. 세계에서 가장 오래 살았던 사람 중의 한 사람인 프랑스인 잔 칼망122세 사망은 매일 붉은 와인을 조금씩 마셨다고 한다.

카테킨이 풍부한 녹차를 자주 마시는 것도 좋다. '일상다반사日常茶飯事'라는 말이 있다. 차를 밥과 동격으로 놓을 정도로 차는 우리 생활과 밀접한 음료라는 것을 알 수 있다.

베타카로틴은 늙은 호박에 풍부하다. 늙은 호박에는 베타카로틴 외에도 비타민C와 E가 풍부하다.

단백질은 육류 대신 생선에서 섭취하라

세계에서 평균 수명이 가장 긴 일본인의 경우 단백질을 육류가 아니라 생선류를 통해 주로 섭취하고 있다. 일본인이 하루에 섭취하는 육류가 평균 76g, 유럽이 200g, 미국이 300g으로 그만큼 일본인들의 고기 섭취가 적다. 육류는 산성 식품으로 체내에서 산화한다. 일본인들의 고기 섭취가 적으니 콜레스테롤 과잉 섭취로 인한 동맥경화증이나 심혈관 질환이 적을 수밖에 없다.

좋은 물을 마셔라

우리 몸의 70%가 물로 이루어져 있다. 세포를 구성하고 영양, 혈액의 흐름을 도와주는 등 물의 역할은 지대하다. 물의 분자구조를 보면 산소 하나에 수소 두 개가 결합되어 있다. 물이 몸속에서 분해되면 떨어져 나온 수소가 몸속을 돌아다니는 활성산소와 결합, 안정된 상태에 이르는 경향이 있다.

그런데 물을 많이 마시는 것이 좋다는 것을 알면서도 이를 실천하기 어렵다. 우선 맛이 없고, 많이 마시면 배가 출렁거리는 것 같아 느낌이 좋지 않다. 물을 마시는 데도 요령이 필요하다. 그 가운데 하나가 물을 씹어먹는 방법이다. 물분자 입자는 세포 크기의 두 배 정도다. 따라서 그냥은 세포 내로 침투되지 않는다. 그러나 물을 씹어 잘게 쪼개면 세포를 쉽게 통과한다.

여유 있게 생활하라

우리가 격렬하게 호흡하면 할수록 그만큼 체내에 들어오는 산소의 양이 많아지고 활성산소의 발생도 늘어난다. 노화를 막고 건강하게 오래 살기 위해서는 천천히 여유 있게 생활하는 것이 좋다는 말이다. 바로 장수 동물인 학과 거북이 우리에게 알려주는 '오래 건강하게 사는 방법'인 것이다.

산림욕을 즐겨라

산에서 주로 생활하는 스님들이 나이에 비해 젊어 보이고 장수하는 이유는 나뭇잎에서 발생하는 피톤치드 덕분이다. 피톤치드에는 살균 효과가 있다. 수목의 방향 성분에는 체세포나 뇌세포에 활력을 주는 효과도 있다.

　피톤치드는 일반적으로 5월과 8월 사이에 온도가 최고로 올라갈 때와 해가 뜨는 오전 6시경에 가장 활발하게 발산되기 때문에, 산림욕은 피톤치드가 충만해 있는 오전 10~12시가 가장 좋다고 한다. 또 바람이 잔잔한 날이 좋은데, 이는 피톤치드가 휘발성 물질이어서 바람이 불면 쉬이 없어지기 때문이다.

밥이 보약이다

어린 시절, 우리 집 식사 시간은 영양학 강의를 듣는 시간이었다.

"등 푸른 생선은 머리를 좋게 하니까 고등어, 꽁치를 먹어야 한다."

"된장은 암에 걸리는 것을 막아주니까 된장국을 많이 먹어야지. 이 된장국에 들어 있는 고추도 같이 먹어야 해. 고추에 비타민C가 얼마나 많은데."

"아침에 먹는 사과는 황금이라고 했다. 사과에 든 성분이 피부 미용에 좋은 거란다."

식탁에 차려진 것을 뭐든지 잘 먹게 하려는 어머니의 마케팅 방식이었다. 그날 식탁에 오른 음식의 종류에 따라 강의 내용도 달라졌다. 어머니의 말 한마디에 젓가락이 일제히 옮아가던 때를 생각하면 어린 우리 마음속에도 '음식을 잘 먹으면 머리도 좋아지고 얼굴도 예뻐진다' 는 음식 요법이 그럴 듯 했었나 보다.

어머니는 가정과를 졸업한 덕분인지 영양에 대한 지식과 정보가 풍부했다. 어머니의 말씀에 따르면, 밥상 위에 오른 나물반찬 한 가지, 찌개 한 가지가 다 우리 몸을 이루고 활동을 하게 하는 데 소중한 역할을 하는 것 같았다. 이런 세뇌(?) 때문인지 나는 '우리 한식만큼 건강에 좋은 음식은 없다' 고 굳게 믿고 있다.

우선 한식은 쌀을 주식으로 한다. 쌀로 지은 밥은 탄수화물 가운데 가장 살이 찌지 않는 종류다. 밥을 지었을 때 3분의 2가 수분인데, 사람 몸도 마찬가지다. 수분의 함유량이 같으므로 가장 섭취하기 쉽다. 빵이나 면류는 곡물을 빻아 만드는 반면, 쌀은 곡물 형태 그대로 먹기 때문에 소화에 시간이 걸린다. 따라서 식후 혈액 중의 혈당치가 금방 올라가지 않아 당뇨병에 걸리기 어렵다. 최근 당뇨병 환자가 급증하는 것은 빵이나 면으로 주식을 대신하는 식습관 변화에 원인이 많다.

또 우리 식탁에 빠지지 않는 것이 된장국이다. 콩을 쪄서 소금과 누룩을 넣어 발효시킨 된장은 한국 음식의 기본 조미료다. 된장에는 두뇌 활동을 향상시키고 노화를 막는 성분인 레시틴이 풍부하다. 레시틴은 뇌의 신경 전달을 원활하게 하는 아세틸콜린의 원료가 된다. 아세틸콜린이 부족하면 바로 치매의 원인인 알츠하이머병을 유발하게 된다. 따라서 된장을 잘 먹기만 해도 치매 예방에 효과가 있다는 얘기다.

된장의 원료가 되는 콩 100g 가운데 레시틴이 148mg이 포함돼 있다고 한다. 또 아미노산의 일종인 글루탐산도 풍부한데, 이것 역시 기억력, 학습 능력을 향상시키고 머리 움직임을 활발하게 한다.

된장 안에는 뇌의 에너지원인 포도당을 완전 연소시키는 데 필수적인 비타민B$_1$도 많으며, 체세포의 노화를 막는 비타민E, 체내 지방을 적게 하는 비타민B$_2$, 철, 칼슘도 포함돼 있다.

아이를 키우면서 체험으로 알게 된 것 가운데 하나가 된장의 또 다른 효능이다. 아이들이 쉽게 탈이 나고 설사를 했을 때, 시어머니가 일러주신 대로 '맑게 끓인 된장국'을 먹였더니 진정되는 것을 보았다. 된장은 정장 효과가 크다. 생된장 1g 가운데 누룩산, 효모균, 유산균 등 미생물이 100만 개에서 1,000만 개까지 살아 있다고 한다.

쑥 또한 대표적인 장수 식품이다. 쑥은 〈단군신화〉 속에 등장할 정도로 한민족의 전통적인 먹거리이기도 하다. 쑥에 있는 녹색의 클로로필에는 정혈, 살균, 혈액순환을 좋게 하는 효과가 있다. 또 쑥 속에 들어 있는 아데닌, 콜린은 심장을 건강하게 하거나 치매 방지, 뇌 노화 방지에도 도움이 된다. 쑥에는 바이러스를 몰아내는 인터페론 합성 능력을 높이는 성분도 있어 암이나 감기 등 각종 질병의 예방 역할도 한다.

쑥은 세계의 장수촌으로 불리는 오키나와에서도 1년 내내 상용되는 약초다. 밥을 지을 때 쑥을 넣거나 염소고기 요리나 국 종류에도 자주 사용되는 등 쑥을 활용한 오키나와 요리를 자주 볼 수 있다.

이밖에 우리 식탁에 자주 오르는 청국장도 대표적인 노화 방지 식품이다. 특유의 큼큼한 냄새 때문에 나는 청국장을 별로 좋아하지 않았지만, 나이 들면서 그 들큼한 맛에 끌리게 되었다. 내 입맛이 바뀌었다는 것은 내 몸이 그 음식을 원한다는 것인지…….

청국장은 나처럼 장이 약한 사람에게 좋은 음식이다. 항균작용과 해독작용이 뛰어나 장을 보호해주며, 또 장을 자극해 소화 활동을 활발히 해주기도 한다. 이 균은 유산균이나 비피더스균과 마찬가지로 면역력을 높여준다. 이 균이 증식하면 콩단백질 분해효소도 만들어지는데, 이 효소는 혈전을 녹이는 작용이 있어 심근경색, 뇌혈전 등을 예방하는 효과도 있다.

게다가 최근에는 당뇨병에도 도움이 된다는 보고가 있다. 당뇨병에 걸리면 비타민B₂의 흡수율이 저하되기 때문에 비타민B₂의 보급이 필요해진다. 비타민B₂는 콩에도 100g당 0.3mg으로 많이 함유되어 있지만, 청국장에는 이보다 훨씬 많은 0.56mg이 들어 있다. 또 청국장에 많은 식이섬유도 섭취한 음식을 되도록 위 속에 오랫동안 머물게 해 소화된 음식이 장까지 도달하는 시간을 지연시키고, 이에 따라 혈당치의 상승을 억제하는 효과가 있다. 청국장 외에도 우리 밥상에 자주 오르는 김, 두부, 해조류 등이 모두 건강식품이다.

그런데 지금 생각해보니 어린 시절 어머니의 영양학 강의를 들으면서 먹던 밥상이 그다지 풍성했던 것 같지는 않다. 고기 반찬은 아버지 월급날이나 돼야 올랐고, 고작 고등어 토막이 유일한 단백질 공급원이었다. 그래도 "풋고추에는 비타민C가 풍부하고, 논에서 캐온 미나리는 혈액을 깨끗하게 해주고……." 하는 어머니의 말솜씨에 밥상이 똑 영양 솥단지처럼 여겨졌었다. 그뿐이랴. 온 가족이 둘러앉아 먹는 식탁에서 묻어나던 단란함이 바로 '건강'을 지켜주는 보약이 아니었을까 싶다.

성인이 되면서 가족이 함께 밥상에 둘러앉는 일이 점점 줄어들고 있다. 그런데 혼자 먹는 밥상은 아무리 가짓수가 많고 영양적으로 조화를 이루어도 왠지 부실하게 보인다. 맛있는 반찬 그릇 위에서 젓가락 다툼을 벌이고 서로 얼굴을 보면서 별일 없음을 확인하는 가족이 없어서일까?

요즘 함께 먹는 밥상의 가치가 주목받고 있다. 국민의 5분의 1이 노인인 일본은 '건강일본21'이라는 이름으로 대대적인 건강 캠페인을 벌이고 있다. 성인병 발병률을 줄이고, 국민들이 건강하게 장수하는 길이야말로 나라가 휘청거리지 않는 길이기 때문이다. 아예 10개년 목표를 세우고 있는 이 운동의 주요 내용을 들여다보면 굉장히 일상적이고 구체적이라는 점을 알 수 있다.

예를 들면 '하루 몇 걸음 걷기' '하루에 몇 칼로리 먹기' 등이다. 또 '하루에 최소한 한 끼는 함께 밥 먹기'라는 건강 수칙도 있다. 혼자 먹다 보면 제대로 가짓수를 차려먹는 것이 귀찮아지고 간단하게 해결하려 드니 결국 패스트푸드로 낙착이 된다. 혼자서 햄버거로 적당히 식사를 때우는 일이 허다한 현대인들에게 비만, 성인병 등이 흔한 것은 당연하다.

사람에 따라 식사는 다양한 의미를 지닐 것이다. 단지 허기를 채우기 위해 먹는 사람이 있는가 하면, 먹는 것 자체가 인생의 목적이 되는 미식가들도 있을 것이다.

즐겁게 식사하는 것은 바로 건강의 또 다른 척도이기도 하다. 피곤하거나 신경 쓰이는 일이 있으면 식욕이 떨어져 맛있는 식사를 할 수 없게 된다. 어떤 반찬이든 맛있게 식사할 수 있을 때는 건강하다는 증거다. 그러니 한 끼 식사라도 즐거운 마음으로 하도록 하자.

효과적인 음식 섭취 방법

음식 하나하나가 지닌 영양학적 가치를 최대한 살리기 위해서는 먹는 방법도 중요하다. 어떻게 먹는 것이 좋을까?

1. 고기를 먹을 때는 반드시 야채를 곁들여 먹어라. 야채 속에 있는 플라보노이 드는 고기, 특히 구운 고기 속의 발암 물질을 중화시킨다. 또 플라보노이드 는 고기 속의 철분을 필요 이상 흡수하는 것을 방지한다.

2. 야채를 물에 조리할 때에는 반드시 증류수, 역삼투압 방식의 정수기 물을 사용하라.

3. 야채, 과일은 갈아서 먹어라. 날로 먹는 것보다 믹서, 주스기를 사용해 갈아 먹는 것이 소화 흡수를 돕는다.

4. 가공식품을 멀리하라. 가공식품에는 자연 상태에서도 부족하기 쉬운 비타 민, 미네랄의 파괴가 심각하다. 예를 들면 감자칩은 원래 감자가 풍부하게 갖고 있는 비타민C를 거의 잃은 상태다. 게다가 식용유에 튀긴 이 '감자 아 닌 감자'에는 불포화지방산이 많은데, 이는 시간이 경과하면서 금세 과산화 지질로 변하게 되고, 또 과산화지질은 단백질과 결합해 노인반점의 원인이 되는 노화물질로 변한다.

칼로리를 제한하라

104세에 현역 의사라고 하면 누구나 믿기 어려울 것이다.

1911년생인 히노하라 시게아키 씨는 일본의 언론들이 '노년의 전도사'로 부르는 인물이다. 도쿄 중심지에 있는 성루카 병원에서 아직도 환자를 진료하는 현역 의사이며, 평생 250권이 넘는 책을 써낸 대단한 저술가이기도 하다. 그는 성루카 병원 명예 이사장직을 맡고 있는데다 '저팬파운데이션 Japan Foundation'이란 공익단체의 이사를 역임하는 등 나이가 믿기지 않을 만큼 사회적인 활동 반경도 넓다.

무엇보다 그는 일본 전역의 노인들을 대상으로 '신노인운동'을 펼치고 있다. 이 운동은 노인의 의식을 바꿈으로써 적극적으로 자신의 삶을 개척하고, 사회에 봉사하도록 유도하는 데 목적을 두고 있다. 말하자면 노인 의식 계몽운동이라고 할 수 있다. 그는 이 운동에 참여할 수 있는 자격을 75세 이상으로 제한했다. '65세는 아직 청년'이라는 것이다. 저팬파운데이션은 전국에 지부가 설립되어 있으며 회원만 해도 수만 명에 이른다고 한다. 이 운동이 주로 하고 있는 것이 어린이들에게 '평화교육'을 시키고, 다양한 지역 봉사활동을 펼치는 것이다.

내가 도쿄 성루카 병원에서 히노하라 씨를 인터뷰한 것은 2002년, 당시 그의 나이가 91세였을 때다. 2010년에는 한국에 와서 강연을 한 적도 있는데, 여전한 모습이었다. 한국에서도 장수하는 노인을 많이 취재했지만, 이 사람처럼 정력적인 노인은 만난 적이 없었다. 그의 하루 일과는 거의 인간을 초월한 경지였다. 젊은 사람에게도 힘겨운 강행군의 연속이었다. 집필, 강의 준비, 각종 사회활동으로 하루 수면 시간이 5시간을 넘기는 적이 없단다. 그의 일과는 아침 5시에 시작된다. 눈을 뜨면 운동을 하고 아침 9시까지 병원에 출근한다. 병원 업무를 보는 틈틈이 책을 쓴다고 하는데, 내가 만났을 때 252권째 책을 막 출간했다. 그 뒤 한국으로 돌아와서도 그의 새 책이 몇 권인가 교보문고에 진열되어 있는 것을 보았다.

그런데 더 놀라운 것은 그의 외모였다. 당시에도 이미 90대였는데 고작 60대 후반이나 70대 초반밖에 안 된 것 같았다. 피부는 탄력 있고 주름도 거의 없었다. 그 비결을 물어보았다. 하루 1,300칼로리밖에 섭취를 하지 않는 '칼로리 제한식'을 한다고 했다. 아침에는 야채와 올리브오일 등을 먹고, 점심은 우유 한 컵이 고작이다. 저녁은 평소처럼 먹는다. 그렇게 조금 먹고도 다른 사람의 몇 배가 되는 일을 한다니, 거짓말인 것 같았다.

그의 설명에 따르면 이런 생활은 '젊어서부터 시작한 습관'이다.

조금 먹는 것이 습관화되니까 신체도 그에 맞춰 대사가 느리게 일어난다. 대사가 느리게 일어난다는 데 '젊음의 비결'이 숨겨져 있다. 음식물이 에너지, 즉 칼로리로 바뀌는 과정이 천천히 일어나다 보니 활성산소 역시 적게 나온다. 활성산소는 공장이 돌아가면서 나오는 폐기물, 매연과 같은 존재다. 인간의 몸에서는 매연이 아니라 산화물질이 만들어지고, 이 산화물질에 의해 노화가 촉진된다.

또 몸에 음식물이 적게 들어오면 신체가 위기를 느끼고 되도록 주어진 음식물을 아껴 쓰려는 쪽으로 반응을 하게 된다. 또 세포들의 활동도 달라지는데, 생화학자들의 연구에 따르면 다이어트에 돌입했을 때 어떤 세포는 발현이 되고 어떤 세포는 발현이 되지 않는다고 한다. 쉽게 말하면 어떤 세포는 스위치가 켜지고 어떤 세포는 스위치가 꺼진다는 것이다. 다이어트 때마다 불이 들어오는 세포를 살펴보았더니 주로 분해와 생합성에 쓰이는 세포였다. 즉, 몸이 위기를 맞으면 에너지를 만들고 이를 회복하는 세포의 효율이 높아진다는 것이다. 이런 기제 때문에 칼로리 제한식을 실천하는 사람들은 장수한다.

1930년대 미국 코넬 대학교의 영양학자가 쥐를 대상으로 수명 연장에 관한 연구를 했다. 실험 결과 식사를 적게 준 쥐가 정상적으로 식사한 쥐들보다 훨씬 오래 살고, 훨씬 젊어 보였다는 것이다. 식사량을 약 3분의 1까지 줄이면 적당한 영양을 유지하는 선에서 수명이 약 30% 정도 늘어났다. 이러한 사실은 쥐뿐 아니라 사과파리나 선충 등 다른 동물에서도 마찬가지다. 평균 수명이 7일인 원생동물은 13일, 보통 50일을 사는 거미는 90일까지 사는 것으로 나타났다. 사람의 경우 최대 수명은 120세로 알려져 있는데, 만약 이러한 절식을 실시한다면 최대 150세까지 살 수 있으리라고 한다.

　'적게 먹는 것이 건강하게 장수하는 방법'이라고 하면 많은 사람들이 고개를 저을지도 모른다. 많은 사람들이 각종 영양제, 비타민, 보양식품 등 먹는 것으로 건강을 확보하려고 하는데, 이러한 과도한 영양섭취는 비만으로 이어진다. 그런데 뚱뚱한 사람치고 장수하는 사람을 못 봤다. 현대인을 위협하는 병은 거의 생활 습관에서 오는 병들이다.

　당뇨병, 고지혈증, 고혈압 등 성인병은 비만한 사람에게 더욱 위협적이다.

정기 건강검진을 받아라

최근에 내가 몰두하고 있는 취미가 화초를 기르는 일이다. 새로 이사한 집의 베란다가 제법 넓어 크고 작은 화분들을 하나씩 가져다 두기 시작했다. 처음에는 집 근처의 화훼농장에 찾아가 무조건 생명력이 강해 혼자서도 잘 자라는 종류를 추천받았다.

거리에 관상용으로 심는 마거리트는 항아리 뚜껑에 소담하게 심었다. 잎이 무성한 알보비타타는 며칠 물 주는 것을 게을리 하면 시들시들하다가도 물이 닿으면 금방 파란 잎을 쑥쑥 밀어낸다. 율마는 어느새 부피가 커져 처음 담아온 화분으로 비좁은 눈치다. 친구가 이사 선물이라며 사온 귤나무는 가지마다 파란 알을 주렁주렁 달고 있어 이번 가을 풍작이 예상된다.

화초를 기르다 보면 생명의 신비함을 보는 것 같다. 물, 햇빛, 공기만 있으면 이들은 흙을 뚫고 여린 새싹을 틔워 하루하루 줄기가 굵어지고 내 눈을 피해 꽃을 피워 놀라움을 선사한다. 이런 재미에 화훼농장을 뻔질나게 찾아다니고 계속 새로운 품종에 도전해갔다.

그런데 식물들이 늘 잘 자라주는 것만은 아니다. 한번은 진노랑 빛깔에 반해 메리골드를 구입해 애지중지했다. 그런데 일주일 정도 출장을 다녀왔더니 가지 한쪽이 노랗게 말라 있는 것이 보였다. '물이 부족해서 그렇거니' 하며 크게 걱정하지 않았다. 그런데 이것이 갈수록 말라가더니 결국 회생불능 상태가 되고 말았다. 공들인 자식이 심각한 병에 걸린 것 같아 안타까웠지만 화초에 관한 지식이 없는 나는 그냥 내버려둘 수밖에 없었다. 주말에 겨우 시간을 쪼개 그 화분을 싣고 다시 화훼농장을 찾았다. 원인을 찾는 나에게 "조금 일찍 손을 썼더라면……."이라며 주인아줌마는 고개를 젓는다. 그 나무 종류에 주로 생기는 벌레가 나무의 생명력을 빼앗아버린 것이다. 벌레가 처음 올라붙었을 때 재빨리 털어냈으면 아무 문제 없었을 텐데, 지금 손을 쓰기에는 너무 늦어버린 것이다.

주인아줌마는 "화초도 우리 몸과 같아서 질병이나 해충을 일찍 발견해 조치를 취하면 다시 건강을 회복하지만, 때를 놓치면 회복시키기 어렵다."고 말한다. 문제를 조기에 발견하고 대처하는 것이 무엇보다 중요하다는 말이다.

우리 몸 역시 마찬가지다. 사람들은 몸의 작은 이상이나 신호를 무시하고 있다가 작은 병을 큰 병으로 키우는 일이 종종 있다. 호미로 막을 일을 가래로 막게 되는 경우다. 아예 가래로 막지 못하는 경우도 종종 있다. 대표적인 것이 암이다.

'그동안 절약해서 모은 돈으로 간신히 집을 장만하고, 이제 가족이 여행도 다니면서 즐겁게 살려고 했는데 별안간 가장이 암 판정을 받았다.' 주변에서 흔히 듣게 되는 이야기다.

암은 주어진 환경에 순응해 낙천적으로 살아가는 사람보다 조금이라도 나은 생활을 위해 이를 악물고 살았던 사람일수록 걸리기 쉽다. 스트레스가 쌓이면서 몸의 면역력이 떨어지기 때문이다. 암에 걸리면 고통은 말할 것도 없고, 엄청난 치료비 때문에 본인뿐 아니라 가족 전체가 고통을 받는다. 행복한 노후는커녕 앞으로 가족의 안녕마저 위협받게 된다.

암은 30세 이전에는 매우 드물게 나타나다가 나이가 많아지면서 발생률이 급격히 높아지는 특징이 있다. 우리나라만 보더라도 남성 암 환자의 80% 이상이 50세 이후다. 나이가 많아지면서 암 발병 위험이 급격하게 높아지는 것은 암의 발병 요인이 되는 것들이 차곡차곡 몸 안에 쌓여왔기 때문이다. 암이 어느 날 발병했다 하더라도 그 시초는 이미 수십 년 전부터 뿌려졌음을 알 수 있다. 암의 주요한 발병 원인은 개인의 생활 습관, 환경과 관련이 있다. 그러므로 암 예방법은 바로 개인의 생활 습관과 환경 속에서 찾아야 한다.

일반적으로 우리 인체에 암을 일으키는 3대 요인은 흡연전체 암 발생의 15~30%, 식생활 요인30%, 그리고 만성 감염증10~25%이다. 그 외 발암물질에 노출되는 직업적인 요인5% 유전적인 요인5%, 음주 요인3%, 환경오염3%, 그리고 방사선 노출3% 등이다.

암은 무서운 질병이지만 조기에 발견하면 완치율이 높다. 신촌 세브란스 병원 암센터에 따르면 암을 초기에 발견하면 5년 생존율이 2~4

기에 비해 월등히 높은 것으로 조사됐다. 요즘은 암 진단 후 5년 생존하면 완치된 것으로 간주한다.

- 위암은 93.7%4기는 5.1%
- 대장암은 93.4%12.2%
- 자궁암은 90.1~97.4%16.5%
- 유방암은 90.1~97.3%34.3%
- 폐암은 63.9%1.3%
- 간암은 42.2%4.3%

암은 여전히 국내 사망 원인 1위다. 평균 수명인 81세까지 산다면 3명 중 1명은 암에 걸리게 된다. 다행히 암 환자 생존율이 높아져서 10명 중 6명은 완치된다고 한다. 국내에는 암을 진단받았거나 암 치료를 마친 '암 경험자'가 120만 명에 이른다. 암 완치를 의미하는 5년 생존율이 62%로 뛴 결과다. 이제는 암을 인생의 여러 정거장 중 하나로 여기고 만성병처럼 관리하는 시대가 된 것이다. 암 선고로 사형선고로 받아들여 사회생활을 모두 접고, 우울증에 빠져 가족 갈등을 일으킬 필요는 없는 것이다. 사람에 따라서는 암 치료를 받으면서도 삶의 질을 잘 유지하는 경우를 종종 볼 수 있다. 암은 오기 전에 잘 피해야 하고, 암에 걸렸을 때에는 잘 다스려야 하는 것이다.

한국에서도 최근 조기 발견의 중요성이 거론되면서 조기 검진을 확대시키고 있다. 현재 저소득층에 대해서는 무료 암 진단을 받게 하고 있으며, 일반적인 경우, 자기 부담은 10%이다. 자궁경부암의 경우는 대상자 전원이 본인부담 없이 진행된다. 10% 자기 부담을 한다고 해도 모든 항목을 합쳐 1만 원 이내이기 때문에 돈 없어서 검사를 못 받는 사람은 없을 것이다.

정기 건강검진으로 예방할 수 있는 질병은 암뿐만이 아니다. 1년에 한 번 정기 건강검진을 받으면 대부분의 질병은 조기에 발견된다. 어떤 병이든지 조기 발견하면 완치율이 높아진다. 건강검진은 특히 35~50세 사이의 중년기에 더욱 필요하다. 신체가 각종 질병에 노출되는 시기인 데다, 생활에 쫓겨 몸에서 오는 적신호를 무시하기 때문이다.

■ 암 종류별 검진 프로그램

5대 암 검진 프로그램 요약

	검진 대상	검진 주기	검진 방법
위 암	40세 이상(남녀 공통)	매 2년마다	위내시경 검사 또는 위장조영술
간 암	남자 30세, 여자 40세 이상으로 간경변 B형 간염 바이러스 항원 보유자, C형 간염 바이러스 항체 보유자	매 6개월마다	복부초음파검사 및 혈청 알파 태아단백 검사
대 장 암	50세 이상(남녀 공통)	매 5~10년마다	분변잠혈반응 검사, 대장내시경 검사, 대장이중조영 검사
유 방 암	30세 이상 여성 : 매월 유방 자가검진 35세 이상 여성 : 2년 간격 의사에 의한 임상 진찰 40세 이상 여성 : 1~2년 간격의 의사에 의한 임상 진찰 및 1~2년 간격의 유방 촬영술		
자궁경부암	성 경험이 있는 만 20세 이상 모든 여성 1년 주기 검진 권고, 국가암검진사업은 30세 이상 모든 여성을 대상으로 매 2년마다		자궁경부세포 검사

자료 : 국립암센터 (www.ncc.re.kr)

단골 의사를 찾아라

　나이가 들수록 병원을 찾는 일이 잦아진다. 건강 관리에 있어 필요한 것 중 하나가 좋은 단골 의사와 사귀는 것이다. 환자들이 병원에 대해 갖는 불만 중 하나가 바로 '불친절'과 '질병에 대한 설명 부족'이다. 의사들은 질병을 고치는 데에만 관심을 갖기 때문에 환자의 고통이나 불안감을 달래주기에 부족한 면이 있다. 이러한 불만에 더해 환자들은 병이 금방 낫지 않는다고 이곳저곳 병원을 옮겨 다니는데, 병원마다 진단이 달라 환자의 혼란과 분노를 키우는 경우도 적지 않다. 또 인터넷 등을 통해 알게 된 의료 지식으로 무장을 하고 의사에게 이런저런 치료법을 써달라고 요구하는 환자도 등장했다. 현대의학은 하루가 다르게 발전하는 데다 다양한 치료법이 나오고 있어 예전처럼 환자가 의사를 맹신하는 시대는 아닌 것이다.

한 병원에서 어렵다고 하는 병을 다른 병원으로 옮겨 치료했다는 경험담도 주위에서 들려오니 큰 병인 경우 병원을 2~3군데 다녀보는 것이 필요할지도 모르겠다. 하지만 최소한 10년 이상의 의학 공부를 한 의사들의 말에 귀 기울이지 않고 '내 병은 내가 더 잘 안다'는 식은 곤란하다.

우리나라 사람들은 암과 같은 큰 병이나 감기와 같은 작은 병이나 모두 큰 병원을 찾는 경향이 있다. 하지만 대형병원에서 치료받아야 할 병과 동네 의사에게 가야 할 병은 다른 것이다. 종합병원에 가면 기술과 경험이 풍부한 의사를 만날 수 있을지 몰라도, 많은 환자를 진찰해야 하기 때문에 환자 한 사람당 진료 시간이 3분을 넘지 않는다. 따라서 종합병원을 무조건 선호하기보다 동네 의사라도 환자의 말을 잘 들어주고 상황에 따라 2차, 3차 병원으로 옮기도록 도와주는 의사가 낫다.

나이 들어가면서 오래 나를 치료하여 나에 대해 잘 아는 의사가 내 옆에 있는 것이 필요하다. 환자의 체질이나 생활 습관 등을 이해하는 것에 따라 치료 방법이나 약의 종류가 달라지고, 의사의 따뜻한 말이나 격려가 병을 이기는 데 큰 힘이 되기 때문이다.

물론 좋은 단골 의사와 만나는 일이 쉽지 않다. 좋은 의사란 환자의 말을 잘 들어주는 의사이며, 자신의 한계를 인정하는 의사다. 반대로 나쁜 의사는 영리만을 추구하며, 의학적 기술이 부족하고 약이나 주사를 남용하는 의사라고 한다. 보험이 있는 환자라면 무조건 고가의 최신 시술을 권하는 병원도 환자를 생각하는 병원이라고 할 수 없다. 아픈 몸으로 인터넷을 검색할 수는 없는 일이기에 몸이 아플 때 믿고 찾아갈 수 있는 우리 동네 병원을 알아두는 것도 좋은 노후 대책이다.

스트레스를 피하지 마라

언젠가 대학원 여자 후배가 외국계 컨설팅 회사에 취업한 후 나를 찾아왔다. 그녀는 몇 달 사이에 살이 몇 킬로그램이나 빠진 것 같았다. 새로운 환경에 적응하는 것이 힘겹기도 했지만, 한국인을 차별하는 외국인 상사 때문에 스트레스가 이만저만이 아니라고 했다. 그녀의 고민을 듣자니, 예전에 나 자신이 직장 상사와 심한 갈등을 겪던 일이 생각났다.

내 직장 상사는 일에서는 유능했지만 독선적이고 말투가 신랄해 남에게 상처를 주는 일이 많은 사람이었다. 사소한 실수에도 인격을 다칠 정도의 심한 말을 서슴지 않았다. 물론 내가 일을 더 잘하도록 다그치는 것이었겠지만, 나중에는 하도 상처를 많이 받아 '개인적으로 악감정을 갖고 저러는 게 아닐까' 란 생각이 들 정도였다.

그때 마음고생은 이루 말할 수 없었다. 아침이면 회사에 나가는 것이 두려울 정도였다. 사표를 쓸까 생각하기도 했지만 나에게 걸린 가족의 기대를 저버릴 수 없어 그만두지도 못했다. 그때는 아침마다 성경책을 읽으면서 '오늘 하루도 무사히…….' 라고 기도를 했을 정도였다. 스트레스가 심하다 보니 소화도 잘 안 되고 숙면을 취하지 못해 만성피로에 시달리기도 했다.

이런 경험이 있기 때문에 나는 후배의 고민을 누구보다 잘 이해할 수 있었다. 고민하는 그녀에게 나는 "나쁜 상사를 만난 것은 하늘에서 천둥이 치는 것과 마찬가지라고 생각하라."고 조언했다. 나쁜 상사를 만난 것은 그녀의 잘못이 아니다. 하늘에서 천둥이 치는 것처럼 자신의 의지와 상관없는 일이기 때문에, 비가 쏟아지고 천둥이 그치기를 기다리는 수밖에 없다.

'내 태도가 잘못됐기 때문에 상사가 나만 괴롭히는 것이 아닐까?' '상사의 마음을 바꾸기 위해 어떻게 해야 하나?' 하면서 속을 끓이다 보면 스트레스만 더 쌓인다.

나이 드는 것도 마찬가지다. 흰머리와 주름살 때문에 스트레스를 받고 노후에 대한 불안 때문에 밤잠을 자지 못한다면 천둥이 치고 있는 하늘에 화를 내는 것과 같다.

비단 상사와의 관계에서뿐 아니라 직장 생활은 긴장과 스트레스의 연속이다. 경쟁이 심하고 조직 생활의 피로가 많기 때문에 스트레스는 '직장인의 50%가 앓는 사회적 질병' 이라고 불릴 정도다.

스트레스는 건강에 직접적 영향을 미친다. 원인을 꼬집어 말하기 어려운 질병에 대해서는 대부분 스트레스로 원인을 돌리는데, 실제로 질병의 70%가 스트레스와 관련이 있다고 한다. 스트레스는 질병에 대한 저항력을 낮추는 것으로 우리 몸을 잠식한다. 스트레스는 암세포로부터 우리 몸을 보호해주는 데 큰 기여를 하는 내추럴킬러세포_{NK 세포,} _{림파구의 일종}의 수치를 떨어뜨린다고 한다. 또 3대 사망 원인인 암, 심장병, 뇌혈관 질병도 스트레스와 밀접한 관련이 있다고 한다.

그런데 문제는 주변을 정리하고 산으로 들어가기 전에는 스트레스에서 벗어나기 어렵다는 점이다. 스트레스를 받지 않겠다고 일상생활을 포기하는 것은 '벼룩 잡자고 초가삼간 태우는 격'이다.

스트레스를 받는다는 것은 많은 사람들과 만나고 많은 자극 속에서 살아가기 때문에 일어나는 것인데, 새로운 만남이나 자극은 '정신적 노화'를 늦추는 데 꼭 필요한 것들이다.

노년기에 가장 두려운 존재가 치매인데, 보통 치매에 쉽게 걸리는 사람들은 자극이 없는_{스트레스도 없는} 무미건조한 생활을 했던 사람이라고 한다. 반면에 100세 장수자 가운데 기억력이 밝고 명석한 사람들을 보면, 주변 사람들과 대화를 많이 나누고 집안 대소사나 동네 일에 적극적으로 참여하는 사람이 대부분이다. 그러니 스트레스에서 벗어나겠다고 인간관계마저 포기해서는 안 된다. 적당한 스트레스로 자극을 받게 되면 두뇌 활동도 활발해지고 정신력도 벼려진다.

또 다른 연구에 따르면 스트레스가 오히려 바이러스 저항력을 키운다고도 한다. 미국 오하이오 대학의 존 셰리던 교수 연구팀은 소량의 감기 바이러스를 주입한 쥐에게 일시적 스트레스를 주었더니, 오히려 면역력이 강화되는 것을 확인했다고 한다. 짧은 시간 가해지는 일시적이고 강한 스트레스는 긍정적인 역할을 한다는 것이다.

활어를 바다에서 횟집으로 운송하는 경우에 활어만을 실어오면 멀미로 도중에 죽어버리는 경우가 허다하다고 한다. 그런데 저장 탱크 안에 천적을 풀어놓으면 죽는 활어의 숫자가 현저하게 줄어든다. 이 또한 일시적이고 강한 스트레스가 활어의 생존율을 높인 것이다. 사람에게 적용하면 스트레스를 통한 긴장이 몸을 활기 있게 하고, 일에서 능률을 올리는 결과를 낳는 것과 마찬가지다.

물론 지속적인 스트레스는 문제가 된다. 앞의 오하이오 대학 연구에 따르면 만성적 스트레스 상태에서 감기 등 바이러스에 노출되면 면역체계의 균형이 무너진다고 한다. 이 연구팀은 알츠하이머병을 앓는 배우자를 돌보는 아내 혹은 남편의 감기 면역력이 약하다는 사실을 실제 확인하기도 했다.

이 경우 스트레스를 원천적으로 없앨 수 없다면 어떻게 푸느냐가 중요하다. 미국 보스턴 '정신과 육체 관계 의학연구소'에서 일하는 로레타 라로슈는 '스트레스 상태 stressed'를 거꾸로 쓰면 '디저트 de-sserts'가 된다고 주장한다. 스트레스는 받아들이는 사람의 태도에 따라 질병의 원인이 되기도 하고 인생의 맛있는 디저트가 되기도 한다는 것이다.

스트레스 대처 방법

1. 스트레스는 풀려고 하지 말고 근원을 해결하라.

2. 스트레스를 받았을 때의 사건, 상황, 생각, 감정 등을 기록해두었다가 나중에 마음이 평온해졌을 때 다시 보면서 스스로의 생활방식, 스트레스의 원인 등을 점검해본다.

3. 상황에서 오는 갈등을 증폭시키는 것은 자기 자신일 수 있다. 생각을 외곬로 몰아가거나 완벽주의에 집착하고 있는 것은 아닌지 돌아본다. 매사에 정도란 없다고 생각하라.

4. 우리가 받는 스트레스의 95%는 시간이 부족하다는 느낌에 연결돼 있다. 우리가 해야 할 일을 다 할 수 없다고 느끼기 때문에 스트레스를 받는 것이다. 자기에게 주어진 시간 내에 현실적으로 할 수 있는 일들이 무엇인지 리스트를 만들어두고 우선순위에 따라 일을 진행해 나간다. 모든 일을 다 할 수 있다는 생각을 버려야 한다.

5. 미래에 대한 불안 때문에 스트레스를 받기도 한다. 미래보다는 현실에만 집중하라. 순간을 잘산다면 미래는 향상될 것이다.

비타민S를 복용하라

잠깐 재미있는 농담 하나 하고 넘어가자.

어느 할아버지가 오랜만에 옛날 친구를 방문하게 됐다. 그는 그의 친구가 아내에게 꼭, '자기' '이쁜이'라고 부르는 데 감명을 받았다.

"자네, 수십 년 동안 함께 산 마누라를 그렇게 부르다니 정말 대단한 일이야."

그러자 그 친구는 이렇게 말했다.

"사실 마누라 이름을 10년 전에 잊어버렸거든."

이 이야기는 내가 취재를 하다가 알게 된 한 70대 할아버지가 들려준 농담이다. 국제기구에서 일하다 정년퇴직한 이분은 나이가 믿기지 않을 정도로 젊어 보인다. 분홍 와이셔츠에 화려한 넥타이를 매고 양복 깃에 빨간 손수건을 꽂고 다니신다. 이런 모습이 어색하지 않은 것이

겉모습뿐 아니라 마음도 함께 젊기 때문이다. 그분은 또 함께 있으면 늘 책에서 읽고 외웠다면서 이런저런 농담을 들려주신다. 그의 젊음 비결은 바로 농담을 즐겨 하는 데 있지 않을까?

최근에 100세 장수자에 대한 관심이 높아지면서 이들의 장수 원인을 밝혀내려는 연구들이 진행되고 있다. 연구 내용에 따르면 장수자들은 대부분 낙천적인 기질을 갖고 있다고 한다.

아무리 절망적인 상황에서도 희망을 찾아내거나 나쁜 일은 빨리 잊어버리는 낙천가들이 많다. 이들에게는 스트레스가 쌓일 틈이 없다. 얼마 전까지 세계 최장수자로 꼽혔던 프랑스 여성 잔 칼망의 경우 120세가 되던 해 생일에 축하하기 위해 모인 친지들에게 "나는 아무래도 신으로부터 버림받은 것 같다. 하나님이 나를 데려가는 걸 깜박 잊어버린 것 같다."고 위트가 넘치는 이야기를 했다고 한다.

요즘 많은 사람들이 건강을 위해 비타민 B, C, E를 먹는데 사실 이보다 더 중요한 비타민이 있다. 바로 비타민S다. 비타민S를 처음 들어봤다고? 그것은 웃음Smile이다.

웃음이 건강에 좋은 영향을 미친다는 것은 이미 잘 알려져 있다. 웃음을 '체내의 조깅'이라고도 하는데, 바로 웃는 것이 수영이나 산보와 같은 운동 효과를 가져다주기 때문이다. 웃을 때 심장의 운동량이 증가하고 약간의 혈압 상승이 있으며, 그 결과 조직에 더 많은 산소를 전달해준다는 것이다. 또한 호흡 주기에도 변화를 주는데, 그 결과 들이마시는 산소의 양과 배출되는 이산화탄소의 양이 증가한다고 한다. 웃고 있으면 짜증나는 일, 근심, 분노가 모두 사라지기도 한다.

반대로 분노는 건강에 아주 나쁘다. 화를 내고 있으면 교감신경이

지나치게 흥분하며 심장은 긴장하게 된다. 또 고동이 격렬해지며 동공은 팽창하고 혈관이 수축한다. 당연히 혈압이 상승하는데, 고혈압 환자에게는 치명적이다.

따라서 스트레스를 이기기 위해서는 의도적으로 웃는 연습을 하는 것이 좋다.

Tip

비타민S 복용법

'이런 상황에서는 도저히 웃을 수 없어!'라는 기분이 들 때면 나는 찰리 채플린의 다음 명언을 생각해내곤 한다. 찰리 채플린은 "인생은 접근해서 보면 하나의 비극이다. 하지만 멀리서 보면 하나의 코미디다."라고 얘기했는데, 관점에 따라 절대적인 비극은 없는 것 같다. 사물을 보는 시각에 따라 절망적인 일도 견딜 만하게 여겨지기도 한다.

아무리 생각을 바꿔도 웃음이 안 나온다면 음식을 바꿔보는 것은 어떨까?

100세 장수자들의 낙천적인 성향은 타고난 기질도 있지만, 이들이 주로 먹는 식사 내용에 의해 길러진다고 한다. 이들이 주로 먹는 음식은 미역, 김, 다시마 등 해조류, 멸치, 콩, 연근 등 뿌리 식물, 버섯, 우유, 치즈 등이다. 이 식품 안에는 칼슘이 풍부하게 함유돼 있는데, 칼슘은 미네랄 가운데 정신 안정 효과가 가장 높은 성분이다.

또 이들이 즐겨 먹는 해조류에는 흡수가 잘 되는 활성아미노산칼슘이 듬뿍 들어 있다. 스스로 비관적인 성향이거나 스트레스를 잘 받는 성격이라고 생각되면 평소 위의 식품을 듬뿍 섭취하는 것이 좋다.

여행을 즐겨라

도쿄 만을 매립해 만든 오다이바お台場에 가면 많은 놀이공간이 있다. 이 가운데 '무향공간無響空間'이란 장치가 있다. 아무런 울림도 없는 공간이라는 뜻이다. 커다란 드럼통같이 생긴 이 장치 안에 들어가 문을 닫으면 외부의 빛, 소리가 일체 차단된다. 이 안에 들어가 있는 사람은 빛이나 소리 등 시간을 알려주는 단서가 전혀 없기 때문에 시간이 어떻게 흘러가는지 알 수 없다. 결국 감으로 시간의 흐름을 잴 수밖에 없다. 이 때문에 무향공간은 인간이 몸으로 시간을 어떻게 느끼는지에 대한 실험에 주로 이용된다.

일본 NHK 방송은 이 무향공간을 이용해 나이가 시간 감각에 어떤 영향을 미치는지를 실험한 적이 있다. 우선, 19~30세의 젊은층 10명과 60~70세의 노년층 10명으로 피실험자를 나누었다. 그리고 한 사람씩

무향공간에 들어가 문을 닫은 뒤 3분이 흘렀다고 판단될 때 신호를 보내도록 했다. 실험을 보면, 어떤 사람은 3분이 지나지 않았는데도 3분이 됐다고 신호를 보내는가 하면, 또 어떤 사람은 3분이 훨씬 지났는데도 신호를 보내지 않는 경우도 있었다.

그런데 결과가 재미있는 것은 젊은 층 10명은 대부분 3분이 흐르기 전에 신호를 보냈고, 노년층에서는 대부분 3분이 초과한 뒤에야 신호를 보냈다는 사실이다. 결과를 평균해보면 젊은 층은 2분 55초에 신호를 보냈는데, 빠른 경우는 2분 14초 만에 신호를 보낸 사람도 있었다. 반면 노년층의 평균은 3분 10초. 가장 느린 사람은 5분 5초가 되어서야 신호를 보냈다.

이 실험 결과는 해석을 잘해야 한다. 젊은 사람들이 실제 시간보다 빨리 신호를 보내는 것을 보면 이들은 '시간이 느리게 흘러간다.'고 느낀다는 것이다. 반대로 3분이라고 생각했는데 그새 5분 5초가 지났다는 것을 알게 된 사람은 '시간이 너무 빨리 흐른다.'고 생각하게 된다. 시간이 빨리 흐른다고 느끼는 것은 노인들의 공통점이라고 한다. 노인들은 '아침 먹었는데 금세 점심시간이고, 한 일도 없는데 벌써 하루해가 진다.'고 느낀다고 한다. 노년기에 들어서면 하는 일이 없어지기 때문에 지루해지고 시간을 더디 느낄 것이라고 짐작했는데, 그게 아니었던 모양이다.

한편 그 이유에 대해 여러 가지로 추측해볼 수 있다. 혹시 우리 신체 내에 시간을 측정하는 기관이 있어 나이가 듦에 따라 작동이 느려지는 것은 아닐까? 이러한 가정은 '체내 시계'를 연구한 사람들에 의해 부인되었다.

체내 시계라는 것은 모든 생물들이 신체 내에 시간을 알려주는 시계를 갖고 있다는 가설에서 나온 것이다. 사람뿐 아니라 많은 생물들이 정해진 시간에 일정하게 움직이는 행동 패턴을 보이는데, 이것이 바로 생체 시계의 존재를 가정하게 하는 근거다. 이 생체 시계에 따라 인간은 항상 정해진 시간에 눈을 뜨고, 정해진 시간에 배고픔을 느끼고, 또 계절이 바뀌는 것을 예상한다. 실제로 뇌의 시교차 상핵視交叉上核이 이런 생체 시계를 조절하는 역할을 한다. 생물은 여기에서 나오는 신호를 신경이나 혈관을 통해 전신에 전달해 수면, 운동 등을 조절하는 것이다.

그렇다면 나이가 들면 이 체내 시계가 태엽이 풀린 시계처럼 느려지는 것인가?

현재까지의 연구에 따르면, 이 체내 시계는 변하지 않는 것으로 나타났다. 결국 노인들이 시간이 빨리 간다고 느끼는 것은 심리적 이유라고 할 수 있다. 젊었을 때는 즐거운 일, 새로운 경험을 기대하기 때문에 늘 시간이 빨리 흐르기를 간절히 바란다. 어린 시절 소풍이나 명절, 생일을 앞두고 손가락을 꼽던 기억은 누구에게나 있을 것이다. 또 기다릴수록 시간이 더디게 가는 것 같아 조바심을 치던 일도 기억할 것이다. '기다리면 더 더디 온다.' 철들면서 깨우친 인생의 모순이다.

그런데 나이가 들면 손꼽아 기다릴 즐거운 일이 줄어든다. 기다리는 전화도, 가슴 설레게 하는 특별한 행사도 사라졌다. 어제 같은 오늘이 있고, 언젠가 보았던 일, 경험했던 일만이 내일도 모레도 반복될 뿐이다. '축제는 거의 끝났다.' 기대와 설렘이 사라진 인생에 시간은 구멍 난 자루에서 모래가 줄줄 새듯이 달아난다.

결국 오래 살수록 의미 있는 시간을 보내기보다 멍하니 흘러가는 시간에 몸을 맡기는 일이 다반사다. 이렇게 산다면 장수하는 의미가 없을 것이다. 수명이 늘어난 만큼 더 많은 것을 보고, 경험하고, 또 그만큼 새로운 것을 이루어야만 오래 산 보람이 있지 않을까?

나이가 들면서 모든 것이 시들해지지 않기 위해서는, 젊었을 때처럼 사소한 일에도 감정이 벅차오르는 경험을 하기 위해서는, 그래서 주어진 시간을 두 배, 세 배로 활용하기 위해서는 어떻게 하면 좋을까?

개인적으로 '여행'을 권하고 싶다. 여행은 대문을 나서는 순간부터 사람을 흥분하게 한다. 낯선 장소에 도착해 낯선 사람들과 대화를 나누고, 새로운 풍경과 음식을 경험하면서 오감이 맹렬하게 반응하기 시작한다. 여행하는 동안의 체험은 깊은 인상을 남기면서 시간을 온전히 자신의 것으로 돌려준다.

여행은 새로운 경험이라는 설렘과 낯설음으로 사람의 몸과 마음을 흥분시키면서 노화를 막는다. 선진국의 노인들은 새로운 물건을 구입하는 데는 인색하지만, 여행이나 모험 등 새로운 경험을 얻기 위해서라면 돈을 아끼지 않는다고 한다. 나는 주위의 노인들에게 '건강할 때 여행을 하실 것'을 권한다. 그런데 대부분의 노인들은 "함께 갈 사람도 없고, 혼자서 여행을 가기도 그렇고……." "집 나가야 고생이지……." 라고 말한다. 여행도 젊어서 해보지 않으면 그 즐거움을 알 수 없는 것이다.

금연과 적절한 음주가 필요하다

담뱃값 인상과 흡연을 죄악시하는 사회 분위기 때문에 흡연가들의 자리는 갈수록 좁아지고 있다. 하지만 "금연을 하고도 일찍 죽는가 하면, 하루에 한두 갑을 피우고도 장수하는 경우도 많던데."라며 호기 있게 담배를 피워 무는 골초들도 있다. 물론 한국의 100세인들을 대상으로 장수 연구를 한 박상철가천의대 이길여 암·당뇨연구원 원장 교수도 "장수 노인 가운데 흡연을 즐기는 사람이 제법 있었다."고 얘기한 적이 있다.

하지만 간과해서는 안 되는 것이, 담배는 곡물과 채식을 위주로 하는 건강한 체질에는 그다지 독이 되지 않지만 육식을 주로 하는 식사 습관에서는 아주 나쁘다는 사실이다. 한국의 100세인들은 대부분 시골에서 농사를 지으며 고기반찬을 아주 드물게 먹었던 채식주의자들이다. 하지만 현대인의 식사 내용이 육식 위주로 변해가면서 담배의 해가 갈수록 커지고 있다.

육식을 주로 하는 흡연자에게 많은 질병이 폐암인데, 한국의 경우 폐암이 전체 암 발생 가운데 첫째, 둘째를 다투고 있다. 폐암뿐만 아니라 흡연자가 위암과 간암에 걸릴 위험이 비흡연자에 비해 각각 1.6배와 1.5배가량 높은 것으로 나타났다. 이외에도 흡연이 원인이 되는 암 종류로 식도암, 방광암, 자궁경부암, 구강암, 후두암 등 다 열거하기 어려울 정도다.

담배가 암 발생과 밀접한 이유는 담배 속에 적어도 20여 종의 발암 물질이 들어 있기 때문이다. 담배를 오래 피울수록 이런 발암 물질이 몸에 축적되어 암이 생길 가능성이 증가하는 것이다. 또 담배는 독소의 저장고다. 4천 종에 달하는 인체 유해 화학성분이 함유되어 있다.

흡연이 끼치는 수많은 해악 중에서도 비뇨기과 분야에서는 남성 발기와 관련된 것을 빼놓을 수 없다. 발기부전에 관한 역학연구로 유명한 미국 매사추세츠 남성노화연구소에서는 흡연이 발기부전의 중요한 위험인자 중 하나임을 밝힌 바 있고, 다른 많은 역학조사에서도 흡연자에게서 발기부전이 2배 이상 증가한다는 점이 입증됐다.

그런데 우리는 담배가 건강에 나쁘다는 것을 잘 알면서도 끊지 못한다. "스트레스로 죽느니, 담배를 피우다 죽는 게 행복하다." 등 호기를 부리기도 한다.

한국 남성들이 일본으로 출장을 가면 가장 반가워하는 점이 어디에서나 담배를 피울 수 있다는 점이었다. 건강대국 일본인데 이상하게도 흡연에 있어서만은 한국보다 너그럽다. 한번은 신칸센의 흡연 칸을 잘못 탔다가 너구리굴에서 질식해 죽을 뻔한 적도 있다. 모든 공공건물이나 대중교통 시설에서 담배가 금지되는 한국 기준으로 볼 때 일본은 '골초들의 낙원'이 아닐까 싶다.

그런데 최근 일본에서 담배에 관한 규정이 새로 생겼다. 거리에서 담배를 피우는 것은 괜찮은데 걸으면서 담배를 피우는 것은 위법이다. 서서 피우는 것과 걸으면서 피우는 것의 차이가 무엇인가?

이 법이 제정된 이유는 걸으면서 피우면 담뱃재가 날려 지나가는 사람들에게 피해를 줄 수 있어서다. 그러나 나는 건강이라는 측면에서 생각해보았다. 담배를 걸으면서 피우면 니코틴과 타르의 흡수량이 훨씬 많아진다. 걸을 때는 폐의 활동이 활발해지며 말단의 세포까지 활동하게 된다. 따라서 최소한 니코틴의 흡수를 억제하려면 걸으면서 담배를 피우는 것은 그만두는 게 좋다.

몸에 나쁘기로는 술도 마찬가지다. 술은 속성상 정도가 지나치게 마시게 마련이라 '후회의 액체'라고 불릴 정도다. 적당한 음주는 기분과 식욕을 돋우어주고 스트레스 해소의 효과가 있지만, 지나치게 마시면 건강을 해칠 뿐 아니라 온갖 화를 불러오기도 한다.

이처럼 담배와 술이 몸에 나쁘다는 것을 알면서도 포기하지 못하는 사람들에게는 최소한 그 피해를 줄이는 습관을 익히는 것이 필요하다.

현명한 음주, 흡연법

평소에 물을 많이 마셔라. 체내에 흡수된 니코틴이나 타르 같은 유해 물질은 배뇨에 의해 몸 밖으로 배출된다. 그 신진대사를 활발하게 하려면 물을 마시는 것이 가장 간단한 방법이다.

줄담배를 피우는 사람은 하루에 한 번씩 복식호흡을 하라. 담배를 지나치게 피우면 산소를 들이마시는 시간이 줄어들어 가벼운 호흡 장애에 빠지기 쉽다. 또 담배 연기의 일산화탄소가 산소와 헤모글로빈의 결합을 방해해, 몸이 산소 결핍 상태에 빠지기 쉽다. 이런 상태가 오래 계속되면 심장에 부담이 된다. 복식호흡을 하면 산소를 대량으로 몸 안으로 들여보낼 수가 있다.

매일 500mg의 마그네슘을 섭취하는 게 좋다. 담배를 끊었을 때의 안절부절못하는 상태를 해소해준다.

회식이나 접대 등으로 술을 마셔야 하는 경우라면 미리 초콜릿이나 사탕을 먹자. 당분이 간에 영양을 공급해 알코올을 분해하는 힘을 더해준다.

그래도 다시 금연, 금주를 결심하고 실행에 옮겨보자!

이성에 대한 관심은
나이를 불문하고 정당하다

    인생에서 피해야 할 세 가지가 있다. 초년 성공, 중년 방황, 노년 빈곤이다. 벼락성공을 꿈꾸었던 젊은 시절이었다면 도저히 이해하기 힘들었을 말이다. 초년 성공이 위험한 이유는 쉽게 얻은 성공으로 기고만장해지면서 삶의 지루하고 더딘 과정을 인내할 수 있는 뚝심을 기를 수 없기 때문이리라. 중년 방황은 일과 사랑을 아우른 포괄적인 개념이다. 여기에서는 중년에 부는 바람에 대해 얘기해보기로 하자.

    최근 우리나라에서도 드디어 간통죄가 폐지되면서 중년의 방황과 일탈이 '개인의 사생활 보호'나 '행복추구권'으로 여겨질 모양이다. 하긴, 평균수명 80세 시대에 한 사람과 평생 살아야 하는 결혼제도는 너무 비인간적이라고 주장하는 사람들도 적지 않다.

과거에 비해 더 건강하고 더 매력적인 요즘의 중년남녀들은 배우자가 있음에도, 심지어는 배우자와의 관계가 좋을 때조차 '중년 방황'에 스스로 뛰어든다. 중년, 심지어 노년이 됐지만, 몸은 건강하고 신체는 아직 매력적이며 행복을 추구하는 욕구는 더 강해졌기 때문이다.

그렇다면 중년의 바람은 떳떳한 일인가? 우리 사회는 이상하게도 이성 간의 사랑은 젊은 사람에게만 허용되는 것으로 치부하는 경향이 있다. 그래서 결혼한 사람들의 사랑은 스캔들이며, 노인들의 사랑은 웃음거리가 된다. 그래서 '나는 평생 사랑하겠다! 여러 사람을 사랑하겠다!'라고 선언한다면 완전히 미친 사람으로 치부된다.

프로이트는 인간의 기본적 감정 욕구는 '일과 사랑'에 의해 충족된다고 말했다. 사랑하고 사랑받는다는 믿음은 나이를 불문하고 그 사람의 행복지수를 높여주는 데 결정적이다. 프로이트의 말에 따르자면, 행복하기를 원하는 사람들은 모두 사랑을 해야 한다. 물론, 합법적인 배우자와의 사랑이 가장 바람직할 것이다. 노부부가 함께 손을 잡고 산책하는 모습을 보면서 많은 사람이 감탄하는 것은 그것이 얼마나 이루기 어렵고 값진 사랑인가를 알기 때문이다.

그런데 보통의 경우 일상을 같이하면서 서로에게 너무 익숙해져버린 배우자는 더 이상 가슴을 설레게 하고 엔도르핀을 솟구치게 하지 않는다. 결혼생활의 밋밋함과 함께 '더 나은 삶better part of me'에 대한 간절함도 중년의 바람기를 건드린다. '울타리 건너편의 잔디가 더 푸르다.'라는 서양 속담처럼 결혼이라는 울타리 밖에는 지금의 배우자보다 더 멋진 사람, 나를 더 이해해줄 사람이 있을 것 같다. 중년 바람은 처음에는 인정받고 이해받고 싶은 소박한 감정으로 시작하지만 경우에 따라서는 요란하고 천박하게 흘러간다. 격정에 휩싸여 가정을 깨뜨리거나 위선적인 이중생활을 시작한다. 때로는 벗어나고 싶은 심정으로 바람을 일으키지만 종국에는 자기 자리에서 맴돌고 있음을 알게 된다. 언젠가 친구와 이 문제에 대해 얘기하면서 '바람피우는 사람들은 만나면 주로 어떤 얘기를 할까?' 라는 의문을 제기했었다. 친구는 주위에서 본 것이라며, '불륜 남녀들이 만나서 하는 얘기가 결국 자기 자식 얘기' 라는 것이다. 결국 결혼 밖에서 줄곧 찾는 것이 사실은 결혼 안에 있다는 얘기다.

여자들이 모두 차도르로 온몸을 감싸고 있거나 남자와 여자가 서로 다른 세계에 살지 않는 한, 새로운 이성을 만나고 호감을 갖는 일은 피할 수 없는 일이다. 오히려 '이성에 대한 관심을 어떻게 합법적으로 해소할 것인가?' 란 문제가 있긴 하지만, 나이가 들어서도 이성을 의식하는 것은 바람직하다고 생각한다. 그만큼 자신도 이성의 관심을 끌기 위해 노력하고 관리할 것이기 때문이다. '미남, 미녀는 나이를 먹지 않는다.' 는 말이 있다. 외모가 돋보여 항상 타인의 이목을 모으는 사람은 늘 긴장하기 때문에 세포도 젊음을 유지한다.

또 감기처럼 사랑에 대해서도 면역력을 기를 필요가 있다. 사랑을 느낀다는 것은 마음이 아직 젊다는 증거다. 또 인간성을 풍부하게 하고, 삶의 질을 높일 수 있는 이성과 만나는 것은 축복이 아닐 수 없다.

그러나 사랑을 모두 성적인 관계로 발전시킬 수는 없다. 이성과의 만남이 서로에게 축복이 되고, 또 주위 사람에게 불행을 주지 않으려면 훈련이 필요하다. 평소 부부가 함께 동호회 모임에 참석한다든지, '여친', '남친' 을 배우자에게 소개한다면 중년의 만남이 잘못된 방향으로 흘러가는 것을 막을 수 있다. 사랑의 감정도 적절하게 다스릴 필요가 있는 것이다. 또 이성에 관심을 갖는 만큼 배우자와의 관계도 가꾸어가야 한다. 혼인 서약만으로 배우자의 정조를 요구하기에는 우리 사회는 너무 개방적이다. 법률로 결혼의 의무를 강요하는 데는 한계에 이르렀다. 평균 수명 60세 시대에는 자식을 키우는 것이 부부가 함께 사는 목적이자 이유였다. 하지만 평균 수명 80세 시대에 부부는 사랑하고 사랑받고자 하는 본능을 충족시키기 위해 존재하는 것이다. 결혼이란 틀을 유지하는 것은 더 이상 결혼의 목적이 아니다.

신학자 본 호프가 "사랑을 지속시켜주기 위해 있는 것이 결혼이다."라고 얘기했듯, 결혼의 목적은 바로 '사랑의 유지'다.

'노후'라는 유령에 현재마저 쫓기는 삶이 되지 않기 위해서는
자신의 현재와 장래 수익, 정년 이후 소요될
노후 자금을 따져볼 필요가 있다.

Chapter 2

노후 자금

돈 없으면 늙어서 더 서럽다

노후 자금 계획표를 세워라

평균 수명 증가에 따른 고령화는 한국만의 문제가 아니다. 오래전에 고령 사회에 돌입한 선진국들을 둘러보면 고령화의 심각성을 생생하게 느낄 수 있다.

세계에서 일본 다음으로 고령화율이 높은 독일로 EBS의 기획 다큐멘터리 제작팀과 취재 여행을 간 적이 있다.

10일 동안 프랑크푸르트, 함부르크, 베를린을 돌면서 정부 관계자, 학자, 언론인들을 만나 고령화의 문제점과 대책에 대해 들었다. 방송팀과 함께 일을 했다고 하면 모두 부러워하는데, 사실 그 일이 생각만큼 재미있는 일은 아니었다.

우선, 인터뷰 때마다 알아듣지 못하는 독일어를 몇 시간씩 듣고 있어야 했는데, 이는 정말 고문이었다. 게다가 외부의 소음을 차단하기 위해 실내문을 꼭 닫은 데다 엄청난 조도의 조명을 켜두었기 때문에 모두들 땀을 뻘뻘 흘렸다.

우리가 취재하던 때가 7월 말이었는데 날씨가 무척 더웠다. 게다가 독일의 어디를 가더라도 에어컨을 설치한 곳이 드물었다. 중부 유럽에 위치한 독일은 원래 날씨가 서늘한 편이라 에어컨을 설치하는 것이 극히 이례적인 일이다. 방송 관계자는 최근 몇 년 사이의 이상 기온으로 그렇게 덥다고 했다.

몇 해 전에는 바캉스 시즌에 파리에 남아 있던 노인들의 상당수가 갑자기 덮친 더위에 사망했다는 뉴스를 듣고 '어떻게 그런 일이 일어날 수 있을까?' 경악했는데, 그곳에 가서 경험하고 보니 그럴 수도 있겠다는 생각이 들었다.

여담으로, 취재진끼리 '이상 기온이 더 심각한 재앙이냐, 고령화가 더 심각한 재앙이냐?' 라는 논쟁이 붙었다.

결론은 이상 기온과 고령화가 따로따로 오면 재앙이지만, 한꺼번에 오면 '다행' 이라는 것이다. 이상 기온으로 생산력을 잃은 노인들이 한꺼번에 사라진다면 노인 문제가 조금은 해결되지 않겠느냐는…… . 물론 이 얘기는 어디까지나 농담이니, 이 부분만 읽고 오해하지 말기 바란다. 물론 그런 발칙한 농담을 했다는 것 자체가 '노인이 많아진다는 것은 사회적으로 부담' 이라는 의식이 잠재해 있었기 때문인지도 모르겠다.

여담이 너무 길어졌다. 그런데 이 취재 여행에서 느낀 것은, 경제대국 독일이 갑자기 왜소해졌다는 점이다. 독일 유력 일간지《프랑크푸르트 알게마이네 차이퉁Frankfurter Allgemeine Zeitung》발행인인 프랑크 쉬

르마허 씨는 "독일의 재정 적자는 기하학적인 숫자에 이르고 있다."고 말했다. 그는 "한국은 삼성, 현대 등 대기업들이 존재하고 경제적으로 윤택한 나라가 아니냐?"고 우리를 부러워하기까지 했다.

독일은 1990년 통일 이후 동독을 부양하기 위해 많은 재정 지출을 했을 뿐 아니라, 늘어나는 연금, 노인들의 의료비를 감당하느라 빚이 눈덩이 불어나듯 불어나고 있는 상태다. 그의 말을 통해 생산 활동을 중단한 노인들이 사회적으로 큰 부담이 된다는 것을 확인하게 됐다.

물론 개인적으로도, 큰일이다. 일찍 퇴직하고 수명은 늘어나니, 소득 없는 노년기가 늘어나기만 한다. 정부에서 받는 연금으로 뜀박질하는 물가를 따라잡기도 어렵다. 오래 산다는 것이 재앙처럼 여겨지는 대목이다.

함부르크 대학 가족사회학과 명예교수인 그레고리어 지퍼 교수는 이런 실상을 가감 없이 얘기한다. 그는 고령화의 결과에 대해 "가난한 사람은 일찍 죽어야 하는 사회가 올 것"이라고 말했다. 돈이 없어 충분한 의료 서비스를 받지 못하고 생활을 유지하기 어렵다면, 사망률이 높았던 19세기에 사는 것이나 다름없다는 것이다.

그의 말은 과장이나 냉소가 아니다. 실제로, 스웨덴 등에서는 75세 이상의 노인에게는 고가의 신장투석술을 의료보험 적용 대상에서 제외하고 있다. 돈이 있는 노인이라면 자신의 생명을 구할 고가의 의료 시술을 받을 수 있지만, 돈이 없다면 신장투석기를 몸에서 떼어내고 조용히 죽음을 기다릴 수밖에 없다.

스웨덴 정부의 이런 조치의 이면에는 노인은 더 이상 사회에 기여할 시간이 없다는 냉정한 계산이 있다.

이런 조치의 윤리성 여부를 따지기에는 각 나라들이 처한 재정 적자가 보통 심각한 게 아니기 때문에, 이런 조치가 어느 날 한국에서 이루어진다고 해도 놀랄 일이 아니다. 그레고리어 지퍼 교수의 말처럼 '돈이 없어 일찍 죽어야 하는 상황'에까지 처하지 않더라도, 돈이 없다는 것이 노년기의 삶을 힘들게 한다는 점만은 분명한 사실이다.

독일의 거리에서 만난 많은 사람들은 이 점을 뼈저리게 느끼고 있었다. 이들은 "정부에서 뭔가를 해주기를 크게 기대하지 않는다. 내 노후를 위해 스스로 준비하고 있다."고 대답했다.

세계에서 연금제도가 가장 먼저 생긴 곳이 바로 독일비스마르크공국, 1889년이다. 100년이 넘는 역사 속에서 연금제도는 국민들에게 노후의 든든한 버팀목 역할을 해왔지만 앞으로는 어떻게 될지 모른다. 연금을 타는 노인들의 숫자는 늘어나고 연금보험료를 내는 젊은 세대들은 줄어들기 때문에 연금제도를 이대로 운영할 수가 없다는 것이다. 지금 젊은 세대는 연금을 받더라도 그 돈만으로는 노후 생활을 할 수가 없기 때문에 따로 개인연금을 들거나, 투자를 하는 식으로 자금을 마련하고 있다.

한국에서도 장수 리스크가 강조되면서 노후 자금에 대한 관심이 높아졌다. 그런데 그 목표가 '3년 만에 10억 모으기' 등과 같이 황당한 것이 많다.

손주들에게 용돈을 쥐여주거나 취미 교실에 등록하기 위해서 돈은 '필수'다. 이 때문에 사람들은 '노후 준비=노후 자금 마련'으로 생각한다. 노후에 대한 불안이 커질수록 단시간에 목돈을 모으는 재테크에 더 관심을 갖게 된다. 그래서 쉽게 불어나지 않는 적금통장에 낙심하거나 무리수를 두다가 곤경에 처하기도 한다.

'노후'라는 유령에 현재마저 쫓기는 삶이 되지 않기 위해서는 자신의 현재와 장래 수익, 정년 이후에 소요될 노후 자금을 따져볼 필요가 있다.

먼저 행복한 노후를 보내는 데 필요한 노후 자금이 얼마나 되는지 알아보자. 언론에서는 7억이니 10억이니 하며 거액의 노후 자금이 필요하다는데, 먼저 짚어봐야 할 부분은 바로 매월 노후 생활에 쓰이는 지출 금액이다. 한 달 지출 비용에 따라 평균 수명까지 필요한 전체 노후 자금의 규모가 달라지기 때문이다.

통계청 자료를 살펴보면 일반 가구의 월평균 지출이 262만 원인데 비해 고령자 가구는 한 달에 87만 원을 사용해 일반 가구 평균 지출의

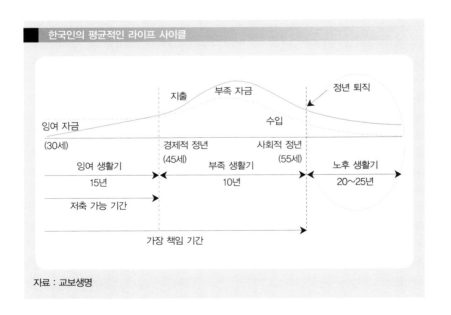

한국인의 평균적인 라이프 사이클

자료 : 교보생명

3분의 1 수준이라고 한다. 나이가 들면 지출이 줄어든다는 것을 알 수 있다. 물론 이는 노후 준비가 부족한 현 고령자 가구의 지출 규모를 보여주는 것이어서 향후 넉넉한 노후 생활을 보내기 위해서는 이보다는 많은 돈이 필요할 것이다.

노후 생활비는 거주 지역에 따라서도 많이 달라지는데 국민연금공단 자료에 따르면 부부 기준 서울은 월 205만 원이고 광역시는 184만 원, 그 외 지역은 177만 원이 평균이다.

연봉이 8,000만 원이 넘었던 중견 기업 임원 출신의 한 은퇴자는 시골에서 텃밭을 가꾸며 소박하게 사는 데 들어가는 돈이 월 150만 원에 불과하다고 전한다. 그래도 가끔 서울로 자녀들을 만나러 오거나 서울에서 찾아온 지인들과 고기를 구워 먹으며 즐기는 낙이 쏠쏠하다고 전한다. 반면 수십 억 자산가인 그의 친구는 최근에 암 진단을 받았다. '돈 있으면 뭐 하나?' 가 요즘 그의 푸념이다.

노후 자금으로 어느 정도가 적정한지는 사람에 따라 생각이 다르지만, 월 180만 원을 기준으로 생각하면 1년에 2,160만 원, 30년에 6억 4800만 원이 필요하다. 이 돈을 어떻게 마련할 것인가는 다음 장에서 얘기하기로 하자.

노후 자금에 대해 생각할 때 빠뜨리지 말아야 할 것이 바로 의료비 지출이다. 나이가 들수록 의료비는 급격히 상승한다. 2013년 기준으로 건강보험 적용인구 전체의 1인당 월평균 진료비는 8만 5000원인 반면 65세 이상은 26만 원이다.

한 사람이 평생 사용하는 의료비의 평균이 1억 177만 원인데 65세 이상의 남자들은 5,137만 원을, 여자는 6,841만 원을 사용한다는 통계도 있다. 여기에 암 등 중대 질환에 걸린다면 금전적 부담은 급증한다. 간암의 경우 평균 치료비가 6,623만 원, 췌장암의 경우 6,372만 원, 폐암의 경우 4,657만 원, 위암의 경우 2,686만 원이 소요된다고 한다.

건강해서 병원 갈 일이 없다면 그 사람은 억대의 예금통장을 갖고 있는 것과 마찬가지일 것이다. 결국 노후 자금의 크고 적음이 그 사람의 노후 행복을 결정하지는 않는다. 다르게 말하면 사람들은 경제적 조건에 상관없이 누구나 행복해질 수 있다. 행복은 자신이 만드는 것이기 때문이다.

노후 준비는 3층 집으로 지어야

세계은행World Bank에서는 노후 필요 자금으로 현재 소득의 70~80%를 마련할 것을 권장하고 있다.

노후 자금을 마련하는 데 흔히 3층 구조의 준비가 필요하다고 한다. 제일 기본이 되는 국민연금으로 기본적인 생활 대책을 세우고 직장을 통해 적립, 운용되는 기업 연금으로 자유로운 생활 준비, 그 위에 개인연금으로 여유 있는 생활 준비를 하는 것이다. 우리나라 설계 구조상 국민연금이 전체 노후 자금에서 차지하는 비율은 30% 정도인 것으로 추산된다. 거기에 직장에서 가입한 퇴직연금이 30%를 차지하며, 마지막으로 개인연금을 10~20%의 규모로 준비하면 된다.

하지만 3층 구조로 준비한다고 해도 부족하기는 매한가지다. 1층인 국민연금의 경우 월평균수령 예상금액이 62만 원에 불과해 월 적정생활비 180만 원의 3분의 1에 불과하다. 2층인 퇴직연금 역시 퇴직연금 가입 당시 퇴직금을 중간정산한 경우가 많아서 실제 적립액은 많지 않다. 직장인들이 소득공제용으로 많이 가입한 개인연금 역시 소득공제 액수인 연간 400만 원 이내에서 불입하고 있어 실제 적립되는 액수는 긴 노후를 보장하기에 턱없이 부족하다.

3층 구조로 집을 지어도 노후 바람막이가 되지 않는다고 절망할 필요는 없다. 준비가 덜 된 사람들은 은퇴를 하고서도 계속 소득 활동을 하거나 지방으로 이사를 해서 지출 규모를 줄이거나, 최후의 카드를 사용할 수 있다.

최후의 카드란 살고 있는 주택이나 아파트를 담보로 생활비를 빌려 쓰는 '역모기지제도'를 활용하는 방법이다. 최근에는 갖고 있는 농지를 담보로 노후 생활비를 정부로부터 빌려 쓰는 농지연금도 등장했다.

국민연금,
그래도 가장 안전한 노후 준비

국민연금 가입자가 2,000만 명을 넘어섰다고 한다.

"국민연금 내봤자, 내가 노인이 될 때쯤이면 기금이 거덜 나 못 받는다고 하던데?"

"지금 하루 먹고살기도 힘든데, 30년 뒤의 일까지 생각할 여유가 어디 있나?"

이렇듯 국민연금을 백안시하던 생각들은 많이 사라진 것 같다. 그렇다고 국민연금을 노후 대책의 완결판으로 생각하는 것 같지도 않다.

저항해봤자 통장에서 새어나가는 그 구멍을 막을 수 없고, 그나마 이렇게라도 노후 준비를 하고 있으니 다행이라고 생각한다.

최근 재테크에 관한 한 패배적인 '3불'이 지배적이라고 한다. 시간 없어 못하고, 돈 없어서 투자 못하고, 공부조차 안 하는 '3불'이다. 돈을 물신처럼 떠받들면서 공부를 하지 않는 것은 큰 문제다.

국민연금에 대해서도 마찬가지다. 내 돈이고 내 노후인데 몰라서는 안 된다. 앞으로 내가 받을 돈은 얼마나 될 것인지, 국민연금기금은 어떻게 운용되는 것이 좋은지, 왜 공무원 연금을 개혁해야 하는지 이해하고 있어야 한다. 정확하게 알고 있어야 과도한 기대를 버릴 수 있으며, 국민연금을 둘러싼 정책 변화를 눈여겨보아야 내가 쌓은 연금 자산을 털리지 않을 것이다.

그렇다면 국민연금과 관련하여 궁금한 첫 번째 질문을 해보자.

내가 낸 돈을 제대로 돌려받을 수 있을까?

갈수록 보험료를 내는 사람은 줄어들고 연금을 타가는 사람들이 많아지면서 국민연금기금이 2060년이 되기 전에 고갈될 것이라는 전망이 나오고 있다. 우리가 은퇴할 때면 연금을 제대로 못 받지 않을까 하는 걱정 어린 목소리도 많다.

결론적으로 말하면, 국민들에게 연금을 못 주는 '국가 부도' 사태는 일어나지 않을 것이다. 만약 정부가 국민연금을 지급하지 못하는 사태가 온다면, 그것은 대한민국이 망하는 것과 마찬가지다.

국민의 지지 위에 국가가 존재하는 한, 설령 아랫돌 빼서 윗돌을 괴는 식이 되더라도 연금은 지급하게 될 것이다. 하지만 국민연금 재정고갈을 막기 위해 보험료를 올리고, 은퇴자들이 받는 연금 액수는 줄이는 개혁은 계속될 것이다.

과거에 비해 연금 수익비가 떨어지고 있는 것은 사실이다. 예를 들면 전 국민 연금제도가 처음 도입된 1988년에 연금에 가입해 30년간 보험료를 납입한 경우라면 납입금의 두 배를 돌려받았다. 만일 2000년부터 30년간 연금보험료를 납입했다면 수익비는 1.7배이며, 2010년부터 30년간 불입한 경우 1.5배가 되는데, 이를 통해 점점 수익비가 낮아지는 것을 알 수 있다.

국민연금을 공무원연금과 비교해도 수익비가 낮음을 알 수 있다. 예를 들면 1988년부터 30년간 보험료를 납입한 공무원들은 연금을 수령할 시, 자신이 낸 돈의 3.7배를 돌려받으며, 2000년부터 30년간 연금보험료를 납입한 공무원은 자신이 낸 돈의 3.2배를 돌려받고, 2010년부터 30년간 불입한 공무원은 2.3배를 돌려받게 된다. 이처럼 공무원연금이 국민연금에 비해 매우 관대하게 설계돼 있음을 알 수 있다.

하지만 국민연금의 수익비 1.5~1.7배는 다른 민간 보험저축연금에 비해 나쁘지 않은 성적이다. 국민연금의 수익비를 연 수익률로 환산하면 대략 연 8% 수준인데, 이는 최근 판매 중인 민간 금융기관의 연금저축보험신개인연금 가운데 가장 높은 상품의 예정 이율 6.1%생명보험협회 공시, 2002년에 비해서도 좋은 편이다.

또 국민연금은 안정성에서도 다른 금융기관에 비해 떨어지지 않는다. 국민연금은 국가가 책임지고 지급을 보장한다. 국민연금은 국민연금법에 의해 급여 전액이 보장되는 반면, 다른 금융기관에 맡긴 돈은 예금자보호법에 의해 일정 범위밖에 지급을 보장받지 못한다.

무엇보다 국민연금 가입을 권하는 이유는, 물가상승률과 연동해 연금의 실질 가치가 유지된다는 점이다. 연금 액수를 최초로 결정할 때는 전체 가입자의 소득 상승률에 의해서, 연금을 받기 시작한 이후에는 물가상승률에 따라 실질 가치가 유지된다.

모든 금융상품이 그렇지만 이자율이 인플레이션을 따라잡지 못한다면 돈을 은행에 넣어둘 이유가 없다. 그런 점에서 물가 상승률을 반영하는 국민연금이 유리하다는 것이다.

국민연금과 관련되어 걱정이 되는 층이 임의가입자 신분인 '주부'들이다. 직장인, 자영업자들은 모두 강제 가입이지만, 소득 활동을 하지 않는 주부들은 스스로 신고를 하고 보험료를 납부하지 않는 이상 연금보험제도가 적용되지 않는 사각지대에 놓여 있다. 주부들이 임의가입층으로 남아 있는 것은, 이들의 노후 생활이 부부 단위로 이루어진다는 가정, 즉 남편의 연금으로 함께 생활할 수 있으리라는 가정에서다.

그러나 아무리 부부가 공동생활을 한다고 하더라도 각자의 주머니가 필요한 법이다. 최근 가족 구조의 변화를 본다면, 개인주의가 강해지는 것을 알 수 있다. 노후에 부부가 공동생활을 한다고 하더라도 각자 생활을 누릴 수 있는 경제적 자유를 원한다.

또 황혼 이혼이 늘어나는 추세와 관련하여 주부들의 노후가 위태로워진다. 물론 법률에서는 부부가 이혼했을 경우 아내가 남편의 연금 액수 가운데 배우자 몫을 분할 청구할 수 있다. 이 때문에 남편이 연금 수령 나이에 도달할 때까지 기다렸다가 이혼하는 사례마저 등장하고 있다.

설사 남편의 연금에 기대 생활한다고 하더라도 경제적 종속에 의한 부자유를 감내하지 않으면 안 된다. 그러므로 주부도 역시 스스로 최소한의 노후 준비를 하는 것이 좋겠다.

또 고려해야 할 점은 본인의 고용 형태다. 연금 수령 나이가 됐을 때 보험료 납입 기간이 20년이 되어야 평생 연금을 받을 수 있다. 20년을 채우지 못하면 그동안 납입한 금액을 일시금으로 찾아가는 수밖에 없는데, 이것은 길어진 노후에 큰 도움이 안 된다. 20년보다 40년이 더 좋다. 40년 가입 기간을 채우면 생애평균 월소득액의 60%를 받을 수 있다.

그런데 문제는 40년은 고사하고 20년을 납입해야 하는데 요즘 평생직장 자체가 없다는 사실이다. 취업과 실업 상태가 번갈아 일어나는 것이 많은 사람들의 고용 형태인데, 문제는 취업 기간보다 실업 기간이 더 길 수도 있다는 것이다. 이런 경우에는 실업 기간에는 국민연금 지역가입자로 전환해 적은 액수라도 보험료를 납입하면서 납입 기간을 채우는 것이 필요하다.

국민연금과 관련해서 마지막으로 짚고 가야 할 문제는 정부에 대한 불신이다. 앞에서 지적한 대로 국민연금과 공무원연금, 사학연금, 군인연금 등과의 형평성 문제도 그러하며, 거대한 기금을 운용하는 데 정부가 해이해지고 방만해질 요소가 있다. 이는 모든 관료주의에 공통되는 맹점이다.

국민연금에 대한 불신의 근본은 정부에 대한 불신이기 때문에 국민의 신뢰를 회복하기 위해서는 정부의 노력이 필요할 것이다. 또 국민입장에서는 관심과 감시를 게을리 하지 말아야 할 것이다.

국민연금에 대해 알아보자!

국민연금관리공단은 보험료를 40년20년 동안 성실히 내면 사회에서 은퇴했을 때 생애평균 월소득액의 60%30%를 받을 수 있다고 한다. 여기서 오해가 없어야 하는 것은 여기서 말하는 '생애평균 월소득액'이란 보험료 산출 기초가 되는 소득 수준표준소득을 의미하는 것이며, 가입자가 직장을 퇴직할 때 받는 월급과는 무관하다. 이와 관련 공무원연금, 사학연금 등은 퇴직 전 3년간 평균 임금을 기준으로 하고 있어 국민연금에 비해 상당히 두터운 급부를 받게 된다. 바로 이 점이 국민연금에 대한 국민들의 불만의 원인이 되고 있다.

국민연금은 사회통합의 이념에 의해 고소득자가 보험료를 많이 내고 저소득자가 적게 내는 구조다.

또 한 가지 국민연금에 대해 이해해야 하는 것이, 연금 개혁은 불가피하다는 점이다. 연금제도에 있어 근본적인 문제는 바로 인구 구조가 역피라미드형이 되면서 재정이 악화된다는 점이다. 즉, 보험료를 납부하는 사람들은 줄어들고 연금을 타가는 사람들은 늘어나기 때문에, 수익 구조가 급격히 나빠질 것이다. 현재의 급여 체계를 그대로 둔다면 그 부담은 고스란히 우리 자녀 세대로 전가된다. 따라서 선진국에서처럼 연금 재정을 완화시키는 개혁안이 계속해서 제기될 것이다. 즉, 보험료를 늘리고, 수급 개시 연령은 높이고, 연금 액수는 줄이려고 들 것이다. 현재 연금 수령 개시 연령은 60세로 되어 있으나 2013년부터 5년마다 1세씩 늘어나 2033년에는 65세로 높아질 예정이다.

국민연금에 대해 궁금한 점이 있을 때

국민연금공단 (www.nps.or.kr)
경제정의실천시민연합 (www.ccej.or.kr)
한국납세자연맹 (www.koreatax.org)

개인연금, 어떤 것이 좋은가

    독일 중심부에 '바트 키싱엔Bad-kissingen'이라는 온천 휴양지가 있다. 이곳의 물이 광천수로 관절염 치료에 효과가 있는 것으로 알려져 있다. 그래서 중세 때부터 러시아나 오스트리아, 합스부르크 왕가의 황족들이 요양을 위해 찾아왔을 정도이며, 지금도 독일 내에서 가장 유명한 온천 휴양지로 꼽히고 있다.

    EBS 취재팀과 함께 이곳을 찾았을 때 도시 전체가 거대한 요양소 같다는 느낌을 받았다. 모든 것이 휴양객 위주로 이루어지고 있는데, 그도 그럴 것이 이들이 뿌리는 돈으로 시의 재정이 움직이기 때문이다.

    그런데 이곳에 가면 길에서 만나는 대부분의 사람들이 노인들이다. 이들은 이곳의 재활 병원, 휴양소 등에 입원해 있거나 통원 치료를 받고 있었다. 치료라는 것도 심각한 의료 행위보다 물리치료, 수중 체조,

아로마 요법 등 웰빙 프로그램에 가까운 것들이었다. 치료 이외의 시간은 병원이나 휴양소에 머물면서 산책도 하고 각종 문화 행사에 참석하거나 같은 휴양객끼리의 사교 활동을 즐기는 것이었다. 이들을 위해 매일 크고 작은 문화행사들이 열리고 있었다. 대표적인 것이 오후 4시 시 중심부 공원에서 지역 오케스트라가 연주하는 무료 음악회다. 아름다운 꽃과 연못으로 꾸며진 공원 이곳저곳의 벤치에 앉아 음악에 귀를 기울이는 노인들의 모습을 보면서 부러움이 밀려왔다.

이곳에서 만난 노인들은 "현역 때는 일하느라 제대로 휴가를 즐기지 못했는데, 이제 이렇게 일의 중압감에서 벗어나 있으니 행복하다."고 얘기했다. 노년이 이렇게 편안하고 여유로울 수 있다면 늙어가는 것을 두려워할 필요는 없을 것 같다. 이들의 모습을 '부자 나라의 복 받은 노인네'들이라고 치부하기 전에 독일의 사정을 한번 들여다보자. 이들이 이곳에서 치료를 받는 데 드는 돈은 건강공단이나 연금공단에서 보조를 하고 있다. 질병 자체를 치료하는 것이 아니라 회복기 환자들의 휴양 여행까지 지원해줄 정도로 독일이라는 나라의 복지 수준이나 경제력이 대단하다고 할 수 있다. 하지만 세계 제2를 자랑하던 독일의 경제력은 최근 한없이 추락하고 있다.

통일 이후 동독을 부양하느라, 또 늘어나는 연금 생활자를 부양하느라 독일의 재정 적자는 눈덩이처럼 불어나고 있다. 지속성과 견고성이 확보된 물건을 만드는 것은 잘하지만 속도와 변화, 창의성이 관건인 IT산업 주도의 신경제에는 맞지 않는 독일인의 우직함도 독일 경제의 어려움에 한몫하고 있다. 이렇게 나라 경제가 어렵다 보니 노인들이 휴양지에서 쓰는 돈을 계속 삭감하고 있다. 요양 여행을 가려는 환자들과 이를 무슨 구실을 대더라도 거절하려는 공단 간의 실랑이가 계속되고 있다고 한다. 뿐만 아니다. 연금도 삭감하고, 의료비 보조도 계속 줄여가는 추세다. 이렇게 정부의 지원이 줄어들면서 드러나는 게 바로 개인들의 경제력 차이다.

바트 키싱엔에 머무르는 휴양객들은 휴양 병원이나 요양원에 입원하는 경우와, 호텔이나 여인숙에 투숙하는 경우로 나뉜다. 휴양 병원이나 요양원에 입원할 수 있는 사람들은 몸의 상태가 확실하게 나빠서 의사들이 입원 허가증을 써줄 수밖에 없는 그룹이며, 호텔이나 여인숙에 투숙해 외래 치료를 받는 사람들은 의사의 입원 허가를 받지 못한 경우다. 병원에 입원하는 경우는 입원료1일 기준 약 15유로가 싸기 때문에 문제가 없지만 일반 숙박시설에 머무는 경우는 상당한 지출을 각오하지 않으면 안 된다. 이곳에서 만난 한 노인은 방값이 싼 하숙집에 머물고 있는데, 돈을 아끼기 위해 직접 식사를 준비한다고 했다.

저녁 8시에는 음악당에서 영국 BBC 교향악단의 연주회가 있었다. 휴양객들의 수준을 짐작하게 하는 것이 수십만 원씩이나 하는 티켓이 이미 동이 났다고 한다. 티켓을 사러 왔다는 백발의 70대 노부부에게 말을 걸었다. 정부에서 주는 연금으로 기본 생활비를 충당하고, 이렇게 문화생활을 위해 지출하는 돈은 개인연금에서 나오는 돈이라고 한다. 역시 국민연금은 기본, 좀 더 나은 생활을 위해서는 따로 준비를 하는 것이 필요하다는 결론이 나왔다.

국민연금은 소득의 30~50%만을 보장할 수 있기 때문에, 나머지는 각자 준비해야 한다. 노후 준비로는 보통 3층 구조로 준비해야 한다는데, 첫째는 정부가 운용하는 국민연금, 그다음이 기업이 제공하는 퇴직

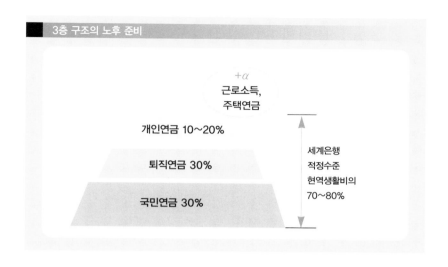

$+\alpha$
근로소득,
주택연금

개인연금 10~20%

퇴직연금 30%

국민연금 30%

세계은행
적정수준
현역생활비의
70~80%

금 또는 기업연금, 마지막이 개인 각자가 가입하는 개인연금이다. 여기에 정부가 추진하는 고령자 고용 확대 정책에 따라, 일을 통한 소득까지 얻을 수 있다면 두둑한 4단계 소득 보장 구조가 될 것이다.

사실 노후 불안에 가장 귀가 솔깃해지는 것이 연금 상품이다. 연금 상품을 살펴보면 연금저축, 연금보험, 연금펀드 등 종류도 많고 운용사도 다양해서 고르기가 쉽지 않다. A씨는 몇 년 전 은행에 갔다가 은행 직원의 소개로 B보험회사가 운용하는 연금저축보험에 가입했다. 가입 당시 금리가 5%인 데다 복리이기 때문에 5년 불입에 10년 거치하면 수익률이 상당히 높다는 설명이었다. 평소에도 노후가 걱정이었던 A씨는 별생각 없이 월 100만 원씩 불입하기로 하고 서류에 사인을 했다. '이것으로 노후 준비는 되겠지.'라고 크게 안도했다.

몇 년 뒤 상품 내용이 갑자기 궁금해진 A씨는 보험사에 전화를 했다가, 이 상품이 자신이 기대한 종신연금이 아니라 10년 뒤에 일시금을 받는 저축성 상품에 지나지 않았다는 것을 알았다. 게다가 변동금리이기 때문에 그동안 금리가 내려가 수익률도 기대보다 훨씬 낮다는 것을 알았다. 물론 보험사에서 판매하는 상품이기 때문에 사망에 대한 보험금이 지급되고, 10년 뒤에 돈을 찾을 때 비과세 조항이 적용되지만, 결국 노후 준비라 하기에는 부족한 상품이었던 것이다.

다양한 연금 상품을 살펴보면 대체로 절세에 유리한 연금저축, 안정적인 연금저축신탁, 일정 이자를 보장하는 연금저축보험과 일반 연금보험이 있다. 이 상품들은 운용사와 소득공제 여부, 연금 지급방식, 기대 수익률 등에서 차이가 크기 때문에 잘 알고 가입하는 것이 필요하다. 연말정산 시 소득공제 혜택이 주어지는 연금저축은 정부에서 노후를 준비하는 개인을 위해 소득공제 혜택까지 준다는 점에서 복지정책의 일환으로 볼 수 있다. 연금저축의 소득공제 혜택은 연 400만 원 한도에서 불입금의 100%다. 은행권에서 판매하는 연금저축신탁은 실적배당 상품으로 펀드 운용 결과에 따라 수익률이 달라진다. 그러나 투자 성과가 저조해 원금 손실이 발생하는 경우에는 은행이 원금을 보장해준다. 또 예금자보호법에 의해 보호되는 상품이기에 안정성이 높다.

보험사의 연금저축보험은 크게 확정금리형과 변동금리형으로 구분되어 있다. 금리가 높은 시기에 가입할 때에는 확정금리형으로, 현재 금리가 낮지만 향후 금리가 올라갈 전망이 보일 때에는 변동금리형으로 가입하는 것이 유리하다. 다만 전 세계적인 추세로 볼 때 고금리 시대는 끝났고 선진국에 비해 우리나라의 금리가 아직 높은 편이라 변동금리형보다는 확정금리형이 유리할 수 있다. 이 상품은 예금자 보호대상으로 원금은 물론 일정 정도의 이자를 보장해준다. 연금 수령 시에도

5년, 10년, 20년 뒤에 일시금으로 받는 확정형, 사망할 때까지 지급받는 종신형 등 선택권이 있다. 연금보험은 가입 기간 동안의 소득공제 혜택은 없지만 노후에 받는 연금이 비과세 혜택을 받는다. 또한 10년 이상 유지한 경우 중도에 해지하더라도 이자소득에 대해 비과세가 적용된다. 이렇게 연금이라는 이름을 달고 나오는 금융상품들이 매우 다양하므로 가입할 때에는 상품들의 기본적 구조를 알고, 판매사 직원에게 꼼꼼히 확인하는 것이 필요하다.

다음은 연금보험 가입 시 알아두어야 할 점이다.

첫째, 평균 수명 연장에 따른 노후 자금의 증가를 사전에 대비하려면 종신형 연금을 선택하는 게 좋다. 종신연금은 연금을 받는 기간이 정해진 확정기간형10년형, 20년형 등보다는 매년 지급되는 연금액은 적지만, 살아 있는 동안 계속 연금을 받을 수 있어 좋다.

둘째, 윤택한 노후 생활을 위해서는 수익률의 변동은 크더라도 높은 수익을 올릴 수도 있는 은행·투신사의 연금신탁이나 생명보험사의 변액연금보험에 가입하는 것도 좋다. 변액보험은 시장 사정에 따라 수익이 높을 수 있지만 대신 그 위험을 보험 가입자가 떠안는다는 점을 인식할 필요가 있다. 변액보험은 기본적으로 실적배당형 상품으로서, 계약자가 연 4회 정도 채권형, 혼합형 등 포트폴리오의 변경이 가능하므로 보험 관리를 해줄 상담 금융기관을 잘 선택하는 것이 중요하다.

셋째, 직장인은 세제 혜택이 있는 연금저축을, 소득공제 혜택을 받을 수 없는 주부, 자영업자들은 일반 연금보험에 가입하는 것이 유리하다. 연금저축은 연간 400만 원까지 소득공제 혜택을 주고 있다. 일반 연금보험은 소득공제 혜택이 없는 대신 10년 이상 유지 시 이자소득세가 면제되는 장점이 있다.

넷째, 나이가 들수록 질병에 걸릴 확률이 높아지므로 보험사에서 판매하는 연금보험은 사망·재해·질병 등에 대한 특약을 마련해두고 있다. 자신의 라이프스타일이나 질병의 가족력 등을 고려해서 특약을 선택해 위험에 대비하는 게 좋다.

다섯째, 연금저축은 금융기관 간의 계약 이전이 가능하지만 가입

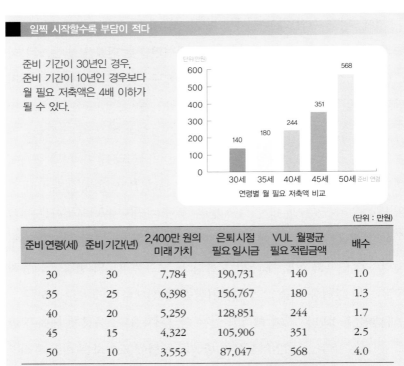

일찍 시작할수록 부담이 적다

준비 기간이 30년인 경우,
준비 기간이 10년인 경우보다
월 필요 저축액은 4배 이하가
될 수 있다.

(단위:만원)

연령별 월 필요 저축액 비교

(단위 : 만원)

준비 연령(세)	준비 기간(년)	2,400만 원의 미래 가치	은퇴시점 필요 일시금	VUL 월평균 필요 적립금액	배수
30	30	7,784	190,731	140	1.0
35	25	6,398	156,767	180	1.3
40	20	5,259	128,851	244	1.7
45	15	4,322	105,906	351	2.5
50	10	3,553	87,047	568	4.0

※ 미래 가치 및 은퇴 일시금 계산 시 세후 투자수익률 약 4.2%, 물가상승률 4%(연복리) 적용
  필요 적립금 계산 시 무배당 My Fund 변액유니버셜보험 9.5% 연복리 적용.

자료 : 메트라이프 생명보험(주)

시에 재무 상태가 건전한 금융기관을 선택하는 것이 좋다.

여섯째, 어느 보험이나 마찬가지겠지만 그중에서도 특히 연금보험은 일찍 준비하는 것이 유리하다. 예를 들어 30세인 사람과 50세인 사람이 각각 연금에 가입해 60세부터 연금을 받는다고 가정할 때 월 필요 저축액은 4배의 차이가 난다. 보험에서 적용되고 있는 생존율은 평균적으로 5년마다 한 번씩 보험사의 통계를 취합해 갱신되고 있다. 수명 연장으로 인해 5년마다 사망률은 낮아지고 생존율은 높아진다. 그

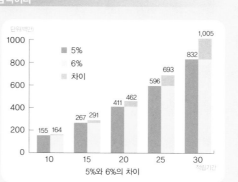

장기복리 1%의 차이는 엄청난 금액이다

매월 같은 100만 원을 적립하여도 25년 후에는 9,700만 원이라는 엄청난 금액 차이가 날 수 있다.

월 100만 원씩 적립할 경우 수익률 1%의 차이

(단위 : 백만)

	10년	15년	20년	25년	30년
5%	155	267	411	596	832
6%	164	291	462	693	1,005
차이	9	24	51	97	172

※ 무배당 My Fund 변액유니버셜보험은 실적배당형 상품으로서 특별계정 운용실적에 따라 적립
금액이 변동된다. 본 비교표의 금액 수치는 연복리 9.5%를 기준으로 산출한 예시 금액으로써
실제 금액과는 차이가 있을 수 있다.

자료 : 메트라이프 생명보험(주)

런데 생존율이 높아지면 연금을 받는 시점에서 연금을 나누어 갖는 사람이 많아지므로 1인당 받는 연금액은 줄어들게 된다.

일곱째, 수십 년에 걸쳐 납입하는 장기저축인 연금 상품의 경우 복리이자 1%의 차이는 엄청난 금액이라는 것을 알아야 한다. 매년 같은 100만 원을 적립하더라도 25년 후에는 9,700만 원이라는 엄청난 금액 차이가 날 수 있다.

여덟째, 퇴직금이나 저축으로 모아놓은 목돈으로 연금을 즉시 받기를 원하는 경우에는 일시납 즉시연금에 가입하면 된다. 즉시연금보험은 고연령층이 가입할 수 있는 것이다. 목돈을 예치하면 가입 즉시 원리금을 합쳐 매달 일정한 금액의 연금을 지급받게 되는 금융상품이다. 따라서 이미 노후를 맞이해 준비 기간 없이 바로 생활비를 조달해야 하는 은퇴 생활자들에게 적합하다. 즉시연금식 상품에는 은행의 노후 생활 연금신탁이나 연금예금, 보험사의 즉시연금식 보험 등이 있다.

노후 생활 연금신탁은 은행별로 정해진 최소 금액 이상의 목돈을 넣으면 다음 달부터 즉시 1개월, 3개월, 6개월, 1년 단위 중 한 가지 방식으로 연금이 지급되며, 40세 이상만 가입할 수 있다. 연금 지급 기간은 5년 이상 본인이 지정하는 대로 정해진다. 실적 배당 상품이어서 수익률은 운용 실적에 따라 유동적이다.

개인연금은 사실 국민연금과 달리 물가상승률이 반영되지 않기 때문에 유리한 편은 아니다. 그러나 노후 준비가 국민연금만으로 부족하기 때문에 대부분의 사람이 개인연금에 가입하게 된다. 손에 쥐고 있으면 어차피 쓰게 되니 장롱에 묻어둔다는 기분으로 가입하는 것이 좋으며, 수익성을 따진다면 다른 재테크 방법을 생각해야 할 것이다.

평생 일할 결심을 하라

EBS 취재팀과 함께 독일 비스바덴Wiesbaden에 있는 카리타스 노인 구호학교Alpenpflegeschule를 찾아갔다. 천주교의 한 종파인 카리타스는 극빈자, 여성, 미혼모들을 위한 사회봉사활동을 주로 펴고 있다. 노인 구호학교는 질병이나 장애를 가진 노인들을 방문해 돌보아주는 간병 인력을 양성하는 교육기관이다. 수업은 이론과 실기로 나뉘어지는데, 이론 시간에는 노인의 심리, 노인 간병에 필요한 의료 지식, 유언과 관련된 법률 등을 배운다. 실기 시간에는 실제로 기저귀 가는 법, 식사 보조하는 법 등을 배운다. 고졸이면 누구라도 입학이 가능한 이 학교는 단순 노동 인력을 배출하는 직업 교육 시설이라고 할 수 있다.

그런데 이곳에서 내 눈길을 끈 것은 교실 한켠에 자리를 잡은 아줌마 아저씨 그룹이었다. 학생 대부분이 10대 후반이나 20대 초반이었기 때문에 이들의 존재는 의외였다. 취재팀 눈에는 신기하게 보였지만, 안내를 맡은 사람의 설명에 따르면 독일의 학교에서는 나이 든 학생을 흔히 볼 수 있다고 한다.

중년의 나이에 학교에 다시 들어가는 데는 다양한 이유가 있지만, 카리타스 노인 구호학교에 오는 이유는 직업을 바꾸기 위해서다. 이곳의 학비가 무료인 데다, 졸업한 후 취업이 잘되기 때문에 의외로 나이 든 사람들의 지원이 많다고 한다. 독일은 갈수록 노인 인구가 늘어나기 때문에, 이렇게 노인을 돌보는 직업의 숫자도 점점 늘어난다고 한다.

간병인 마이어 씨는 원래는 트럭 운전을 했지만, 양로원에서 자원봉사를 한 것이 계기가 되어 이 직업으로 전환했다. 부모님이 일찍 돌아가셨다는 그는, 노인들을 대할 때면 왠지 모를 푸근함을 느낀다고 했다. 밤새 트럭을 몰고 아우토반독일의 속도 무제한 고속도로 위를 달려야 했던 이전 직업에 비해 새로운 직업은 훨씬 안정감이 있어 좋다는 얘기도 덧붙였다. 트럭 운전사의 직업 수명은 길지 않다. 나이 들수록 불규칙한 생활과 사고에 대한 부담감이 커지기 때문에 그 또한 전직을 생각할 수밖에 없었다고 한다.

평생 한 직업에 종사했던 과거와 달리 요즘은 직업 수명이 점점 짧아지는 추세다. 따라서 재취업을 위한 직업 교육의 중요성은 갈수록 더해진다. 게다가 평생 일해야 한다는 것은 이제 당위가 되고 있기에, 평생 할 수 있는 일을 찾는 것이 우리의 과제다.

나이 들어서도 일을 계속할 때 얻는 이점은 여러 가지다. 우선 아침에 눈을 떴을 때 오늘 하루를 어떻게 보낼 것인가를 고민하지 않아도 될 것이다. 주말을 기다리는 즐거움이 있을 것이며, 단지 사람들을 만나기 위해 노인 대상의 시민 강좌에 어슬렁거리지 않아도 될 것이다. 무엇보다 '경제적인 불안'에서 벗어날 수 있다.

한평생 일을 계속해야 한다고 해서 직장을 전전하며 쉬지 않고 일을 해야 한다는 의미는 아니다. 60세를 기준으로 할 때 이전에는 '일'을 중심으로, 이후에는 '여가'를 중심으로 생활을 하리라는 점에는 변함이 없다. 단지 60세 또는 65세 정년이라는 경계는 점점 의미가 없어질 것이다. 10년 동안 열심히 일한 뒤 2~3년간 휴식과 재교육을 한 뒤 다시 직장에 들어가는 식으로 퇴직과 취업을 반복할 수 있다. 직장과 집을 연결하는 회전문을 타고 자신의 육체적·경제적 상황에 따라 이쪽 또는 저쪽을 선택할 수 있다는 것이다.

그렇다면 회전문을 적절히 드나드는 비결은 무엇일까? 실직을 제2의 직업을 찾기 위한 기회로 생각하는 마음의 여유와, 자신이 원하는 직업을 얻기 위해 능력을 개발하고 정보를 수집하는 등의 노력일 것이다. 이밖에 일하는 분야에 따라 전직에 필요한 조건은 다르겠지만, 나는 공통적으로 다음의 것들이 필요하다고 생각한다. 현재 하고 있는 일, 외국어 실력, 자격증, 그리고 인맥이다. 전직을 꿈꾸는 사람들이 현직에 소홀한 경우를 많이 보게 되는데, 현직과 전직을 분리해서 생각할 이유는 없다. 현직에서의 성공, 평가가 바로 다른 일로 향하는 징검다리가 된다. 한 직업에서 성공한 사람일수록 다른 분야에 진출해 성공하는 것을 볼 수 있다.

대기업에서 재무제표 분석을 하던 K씨는 업무를 통해 쌓은 경험과 전문지식으로 전직에 성공한 경우다. K씨는 대기업 기획실에서 일하면서 다른 사람이 보낸 자료를 토대로 기획을 하는 것이 그다지 전문성이 없다는 생각을 하던 차에 감사실로 발령이 나서 재무제표 분석을 하게 됐다. 그는 이 분야를 집중적으로 공부하고 실력을 쌓아 IMF 당시 기업회생 절차를 담당하는 공기관에 파격적 조건으로 스카우트가 됐고 이후 승승장구할 수 있었다.

외국어 실력이 돌파구가 될 수도 있다. 최근 일자리가 줄어들면서 해외취업에 도전하는 사례가 늘어나고 있는데, 이는 젊은 사람들만의 이야기가 아니다. 50대 초반에 은행에서 퇴직한 P씨는 캐나다의 센터니얼컬리지 자동차학교에 입학했다. 2년 과정의 전문직업학교인 이곳에서 자동차 정비를 배우고 있는 그는 졸업 후 캐나다에서 취업할 생각이다. 이곳의 교육생 중에는 전직 외과의사나 교수 등 전문직 은퇴자들이 제법 있다. 활용도가 높은 기술을 배워 제2의 인생에서도 계속 일을 하고 싶다는 사람들이다. 캐나다에서는 직업 수요와 대학이 배출하는 인력 공급이 일치하는 데다 기능공이 우대받기 때문에 외국인인 P씨조차 일자리를 찾는 것이 어렵지 않을 전망이다. 이처럼 P씨가 은퇴 후 캐나다에서 제2의 인생을 구상할 수 있었던 것은 불편함 없는 영어 실력 덕분이다.

요즘은 능력을 갖춘 사람들이 너무 많기 때문에 경쟁에서 더 나은 평가를 받기 위해서는 자격증을 갖고 있는 것도 좋다. 자격증은 바로 자신에 대한 객관적인 평가이기 때문이다. 자격증이 꼭 업무에 필요한 것이 아니라도 부가가치를 올릴 수 있다.

서해안 관광지로 유명한 보령의 유일한 여성 건축설계사인 K씨는 2013년에 설계경제성검토에 필요한 VE가치관리사, Value Engineering 자격증을 땄다. 2014년 시행되기 시작한 설계경제성검토는 관급 100억 원

이상의 공사인 경우 설계의 경제성 검토가 필요해 도입된 절차이며, 이를 담당하는 인력이 바로 가치관리사인 것이다. 가치관리사는 건축설계사나 기술사 등 일정한 자격을 갖춘 사람들이 딸 수 있는 새로운 자격증이다.

경기가 안 좋으면 타격을 많이 받는 것이 건축설계사다. 보령에서는 건축설계가 레드오션이어서 그녀의 경우 직원 3~4명의 사무소를 운영하는 것이 빠듯했다. 그녀는 기존의 일만으로 사무실을 운영하기 힘들다고 여겨 1년 동안 시험 준비를 해 가치관리사 자격증을 취득했다. 보령에서 유일하게 이 자격증을 취득한 그녀는 그해 설계경제성검토 업무를 독점했고, 이로 인한 수익이 사무소 전체 매출의 30%를 차지했다.

또 최근에는 건축설계사들이 입지 분석에서부터 설계업무, 시공 후의 감리 업무까지 일괄해서 맡는 턴키방식으로 일을 진행하는 경우가 많은데 가치관리사 자격증에 감리사 자격증까지 갖춘 그녀로서는 입찰 경쟁에서도 아주 유리했다. 과거에는 한 가지 업무만으로 충분했지만 이제는 주변 영역으로 일을 넓히고 다른 사람과는 차별화되는 부가가치로 확고하게 입지를 다질 필요가 있다.

마지막으로 인맥도 필요하다. 전직을 하거나 재취업을 하는 경우 추천서를 써주는 일에서부터 취업 정보를 얻는 일에 이르기까지 남의 도움을 받는 경우가 허다하다. 경력자 구직시장에서는 80%가 아는 사람을 통한 추천으로 사람을 뽑는다고 한다. 인맥뿐 아니라 평판도 중요하다는 것을 알 수 있다.

창업을 준비하라

출판사 편집장을 지내다 독립해 프리랜서로 활동하는 J씨. 책을 만
드는 일이 즐겁지만 60, 70대가 되어서도 계속 원고를 만져야 하는 일
이 끔찍하게 느껴졌다. 편집자는 작가의 생각과 경험을 정리해서 하나
의 완성물로 만드는 보람이 있지만, 한편으로는 남의 뒤치다꺼리에 그
친다는 생각도 들었기 때문이다. 그녀는 앞으로 평생 계속할 수 있는
일이 무엇일까 고민하던 끝에 전통 음식을 배우기 시작했다. 평생 일을
하는 것이 즐거운 인생이라고 생각하지만 70, 80대가 되어서도 일을
하는 자신을 보고 사람들이 '쯧쯧, 아직도 저런 일을 하다니…….' 라고
동정하지 않을까 싶어서다.

일에 귀천과 나이가 없다고 하지만, 주유소에서 기름 넣는 일을 누
가 하느냐에 따라 사람들의 반응은 달라진다. 젊은 사람이 하는 것은

'장래에 다른 일을 할 가능성이 있으니까.' 라고 대수롭지 않게 여기면서도, 노인이 한다면 '저런 일을 해야 할 정도로 궁핍한가?' 라고 동정을 한다.

J씨가 선택한 일은 떡이나 장을 담그는 일. "이런 일은 나이 든 사람이 하면 할수록 더 신뢰를 얻고, 본인도 그 일을 통해 장인의 경지에 오를 수 있기 때문"이라고 이유를 설명한다. 그는 어느 정도 실력을 쌓으면 인터넷으로 주문을 받아 판매할 계획이며, 자신의 이름으로 브랜드를 개발할 꿈도 꾸고 있다. 실력을 인정받으면 '전통식품 명인' 에도 도전할 계획이다.

한평생 일하는 방법 중의 하나가 창업이다. 정년 폐지, 고령자 고용촉진 등 나이 든 사람들이 회사에서 오래 일할 수 있도록 다양한 제도가 나오고 있지만, 역시 회사는 나이 든 종업원을 원하지 않는다.

한국노동연구원 자료^{2005년}에 따르면 한국 근로자의 평균 퇴직 연령이 54.1세이며, 기업 근로자인 경우 52.3세라고 한다. 50대 초반에 생산 활동에서 완전히 물러난다면 남은 수명이 길다. 이때 창업을 한다면 나이 들어서도 해고 걱정 없이 일할 수 있고, 그동안 쌓아온 지식과 정보, 인맥을 살리면서 자기가 원하는 일을 자기 방식대로 할 수 있다. 자신이 제일 잘 알고 좋아하는 일을 '일' 로 연결시킬 수 있다면 더욱 좋을 것이다.

창업은 인생 후반기의 목표가 '자기실현' 이라는 점에서도 적합하다. 창업이라고 해서 거창하게 시작하라는 것은 아니다. 자신이 주체가 되어 일할 수 있다면 1인 기업도 좋다. 앞으로의 경제 구조는 양극화 현상을 보일 것이다. 거대 기업은 인수 합병을 통해 규모를 불려갈 것이고, 작은 기업들은 특성화·전문화·소규모화가 될 것이다. 한 사람이 경리에서 홍보, 영업, 핵심 업무까지 맡아 하는 1인 기업은 어려움도 많겠지만 어떤 면에서는 유리한 점도 많다.

내 친구 중에 일본에서 재활디자인 연구소를 운영하는 야마다 씨가 있다. 재활디자인이란 장애가 있는 노인들이 일상생활을 수행할 수 있도록 가구, 생활용품 등의 디자인을 개발하는 것을 말한다. 그가 처음 실버산업에 들어오게 된 계기는, 부친이 운영하는 요실금팬티 공장을 물려받으면서였다. 노인 인구의 증가와 함께 성장세였던 공장이 공장장의 농간으로 어이없이 부도가 나고 말았다. 한동안 좌절을 겪었던 그는 노인의 신체적·정신적 특성에 대한 이해를 바탕으로 재활디자인을 공부하기 시작했다. 그가 운영하는 연구소가 주로 하는 일은, 노인 시설의 실내 인테리어, 가구 디자인이다. 전국의 노인 시설을 다니면서 영업을 하고, 주문을 받으면 가구 디자이너와 협의하여 디자인을 결정하고, 가구 제작업체에 생산을 의뢰하는 식이다.

그는 "사무실을 크게 하고 직원을 고용할 수도 있지만, 이 경우 직원들을 관리하는 일이 어렵기 때문에 지금처럼 혼자서 모든 것을 다 하는 방식이 좋다."고 말한다. 혼자서 영업을 하다 보니 1년에 일할 수 있는 작업량이 많지는 않다. 그는 "먹고살 만큼만 번다면 더 이상 욕심낼 것도 없다."고 말한다.

기업들의 부침이 심한 경제 환경에서 직장인들은 언제 해고될지 모른다는 불안감에 시달리고 있다. 또 고용 조건도 갈수록 나빠진다. 결국 기업들은 직장인들을 밀어내는 형태가 돼버리는 것이다. 그렇다면 1인 기업 형태의 창업은 많은 사람들의 미래가 될지도 모른다.

창업을 위해 가장 필요한 것은 내가 이 세상에서 이것만은 제일 잘한다고 자부할 수 있는 '전문성'이다. 요즘은 명함에 인력 관리 전문가, 중소기업 홍보 전문가 등 전문가 타이틀을 단 것을 종종 보게 된다. 나 자신만 해도 자칭, 타칭 '노인 문제 전문가'라고 불리는데, 시험 쳐서 얻은 타이틀도 아니고, 비싼 입회비를 내고 얻은 타이틀도 아니다. 다만 이 분야에 대해서는 다른 사람보다 조금 더 많이 알고 있다고나 할까. 어떤 사람은 전문가의 기준은 '그 분야에 대해 2시간 정도는 지치지 않고 입에 거품이 일 정도로 얘기할 수 있을 때'라고 말했지만, 나는 '열정, 지식, 경험'이 전문가의 조건이 아닐까 생각한다.

여기서 말하는 전문성은 아주 특별한 지식이나 기술을 의미하는 것은 아니다. 내가 만난 사람 가운데 '야경 전문가'라는 명함을 가진 이가 있었다. 그는 전국의 어느 식당이나 언덕에서 가장 멋진 야경을 볼 수 있는지를 연구했다. 그는 이 지식을 바탕으로 레스토랑 입지 선정에 자문 역할을 할 수도 있을 것 같다.

아무리 작은 구멍가게라도 창업을 하기 위해서 알아야 할 것들은 무척 많다. 사업자등록에서부터 사무실을 구하는 문제, 창업 자금이나 세금에 대한 지식, 영업이나 마케팅 등 창업과 관련된 정보들은 창업 전문 포탈이나 먼저 시작한 사람들로부터 얻는 것이 필요하다.

중소기업청 창업넷www.changupnet.go.kr이나 중소기업청 소상공인포털www.sbiz.or.kr 등을 방문하면 된다. 또 같은 분야에 먼저 뛰어든 선배들을 만나보는 것도 생생한 정보를 얻는 데 도움이 된다. 이들의 경험담은 실패를 줄일 수 있는 거울이 되기 때문에, 이들의 의견에 귀를 기울일 필요가 있다.

지식과 기술을 업그레이드하라

옛날 발리의 외딴 산속에서는 늙은 사람들을 죽여서 잡아먹는 풍속이 있었다고 한다. '고려장'이나 일본 도서 《나라야마 부시코》에서 나오는 노인 유기를 능가하는 야만성이다. 고대 사회에서의 노인 유기는 사회 구성원을 모두 먹여 살릴 수 없는 궁핍이 원인이었을 것이다.

이야기를 발리로 돌리면, 결국 이곳에는 노인이 하나도 남아 있지 않아 전통이 모두 사라질 위기에 처했다. 이때 마을 사람들이 집회용으로 큰 홀을 지으려고 했으나, 홀을 짓기 위해 쓰러뜨린 나무 둥치들의 위아래를 구별할 수 있는 사람이 한 명도 없었다. 기둥을 잘못 세우면 건물이 붕괴될 위험이 있어 모두가 고심했다. 그때 한 청년이 나와 앞으로 노인을 잡아먹는 풍속을 없애면 이 문제를 해결해주겠다고 했다. 마을 사람들이 동의하자, 청년이 몰래 숨겨준 노인을 데려오고, 그 노인이 나무 등치의 위아래를 제대로 알려주었다고 한다. 이 사건을 계기로 발리에서 노인을 잡아먹는 야만적인 풍속은 사라졌고, 노인들이 존경과 대접을 받게 됐다고 한다.

나이가 들면 잉여 인간 취급을 받게 되는 것은 현대에 이르러 더 심해지고 있다. 노인들의 가장 큰 무기인 지혜, 경륜이 급변하는 현대 사회의 기술지식 구조에 아무런 도움이 안 되기 때문이다. 쓸모가 없으면 버려진다. 이것은 기계나 인간이나 똑같이 적용되는 진리다.

발리와 달리 오스트레일리아의 아란다 종족이나 고대 잉카 사회에서는 노인들이 아주 좋은 대접을 받았다. 오스트레일리아의 아란다 종족은 주로 사냥을 하며 살았는데, 집단에서 가장 존경받는 사람은 '회색 머리의 남자들'이었다. 이유는 노인들의 경험이 사냥에 아주 유용했기 때문이다. 어디에 가면 사냥감이 많은지, 물은 어디에서 찾을 수 있는지, 먹을 수 있는 풀과 독초를 어떻게 구분하는지 등의 지식은 바로 경험에서 나온 것이다.

고대 잉카 문명에서도 노인들은 좋은 대접을 받았다. 잉카 인들은 산비탈을 이용해 계단식 경작을 했고, 비료로 땅을 비옥하게 만들기도 했다. 또 거대한 수력사업을 벌여 운하와 저수지를 만들기도 했다. 고대 잉카 문명의 특징은 완전 고용을 이루었다는 점이다. 5세만 되면 각자에게 할 일이 주어졌으며, 남자들은 50세가 넘으면 병역이나 힘든 일에서 면제되지만 여전히 일을 해야 했다. 80세 이상이 돼 귀가 멀고 할 수 있는 일이 없어지더라도 여전히 밧줄을 꼬고 집을 보며 토끼와 오리를 키웠다. 잉카의 노인들은 조언자이며 어린이들의 교육을 담당하기도 했다. 이렇게 노인들이 유용한 존재였기 때문에 그만한 대접도

받았다고 한다.

우리 사회에서 노인들이 천덕꾸러기가 되고 있는 이유는, 이들이 사회에 공헌할 길이 없기 때문이다. 노인뿐 아니라 조금이라도 기술 발전에 뒤처진 사람들은 사회와의 연결고리를 찾기가 어려워진다. 인터넷, 디지털, 유비쿼터스 등으로 눈부시게 진화하는 기술을 열심히 쫓아가지 않으면 컴퓨터를 켜고 끌 줄도 모르는 기술적 백치가 되고 잉여인간이 되는 것이다.

캘리포니아 미래지향적 연구기관인 'Rand Corporation'은 2020년이면 평균 노동자들이 평생 13번 재교육을 받아야 할 것이라고 예측했다. 미국인들은 평균 3년마다 직장을 바꾸는데, 그때마다 새로운 업무를 익힐 필요가 있으며, 새로운 지식 기술에 적응하기 위한 교육, 기능 보강이 필요하다는 것이다.

한국도 상황은 마찬가지다. 직장을 바꿀 때마다 또는 사무실 환경의 변화와 기술 개발 등으로 직장인들은 계속해서 지식을 업그레이드하고 재교육을 받아야 한다.

50대에 들어선 직장인 L씨는 새해가 되면서 주말이면 늘 찾던 산 대신 학원으로 향한다. 정년퇴직이 머지않아 마음이 불안하던 차에 자격증이라도 따두자는 심정에서다. 처음에는 어떤 자격증을 따야 할지 막막했다. 하지만 고용노동부가 운영하는 직업능력지식포털HRD-net을 샅샅이 뒤진 끝에 자신의 전공, 현재 하는 일과의 관련성, 전망 등에 부합하는 대기환경기사 자격증을 따기로 했다. 그는 50대 이상 대기업 종사자에게도 해당하는 재직자 내일배움카드를 신청해 무료교육을 받았다.

이렇게 노후 대비로 자격증을 따두려는 사람들은 많다. 하지만 무작정 자격증부터 따고 보려는 것은 별 도움이 되지 않는다. 자신이 노후에 무엇을 할 것인지를 생각한 뒤 이에 필요한 자격증을 따야 한다. 국내에 국가 자격증만 600여 가지, 민간 자격증이 400~500여 가지에 이른다.

최근에 유망한 자격증으로 꼽히는 것으로는 안전행정부 주관 '행정사', 고용노동부 주관 '직업상담사', 농림수산식품부 주관 '농산물품질관리사', '유기농업관리사', '조경사업기사', 경찰청 주관 '도로교통사고감정사'와 '경비지도사' 등을 꼽을 수 있다.

행정사는 행정기관에 들어가는 서류를 대리 작성 및 제출하는 업무와 법률 상담 업무를 하며, 2013년에 처음으로 자격시험이 치러졌다. 앞으로 복잡한 행정 업무가 점점 많아질 전망이라 안정적인 수익 창출이 기대되는 직종이다. '직업상담사'는 청소년에서부터 전직을 희망하는 중장년층에 이르기까지 다양한 사람을 대상으로 상담 및 적성검사 실시, 그 사람의 적성과 흥미에 따라 일자리를 찾아주는 업무를 한다. 직업상담사 자격을 취득하면 고용지원센터, 각 지역 취업지원센터 등 국가에서 운영하는 기관이나 직업전문학교, 사회복지기관 등에서 근무할 기회가 주어진다.

'도로교통사고감정사'는 교통사고에 대한 조사 및 분석, 사고 상황에 대한 재현 등으로 그 원인과 책임을 규명하는 직종이다. '경비지도사'는 경찰력의 보완적 역할을 하는 민간 경비원을 관리 감독하는 전문 인력이다. 현재 청원경찰의 수요가 점차 민간 경비로 흡수되면서 경비지도사의 수요가 확대될 전망이다. '농산물품질관리사'는 농산물의 등급을 판정하고 품질 향상을 위한 관리와 기술 지도를 하는 전문 인력으로 농산물 원산지 표시, 등급 표시 의무화가 시행되면서 전망이 밝은 자격증이다. 자격증은 관련 국가 기관이 주관하며, 산업인력관리공단에 시험을 위탁하는 경우가 대부분이다.

TiP

재직자들을 위한 내일배움카드

고용노동부가 운영하는 직업능력개발지원사업으로, 실직자를 위한 카드와 재직자를 위한 카드로 나뉜다. 재직자 내일배움카드 대상자는 고용보험 취득 근로자로서 다음 조건에 해당하는 사람이어야 한다.
① 우선지원대상기업에 취업한 사람
② 기간제 근로자(2년 이하)
③ 단시간 근로자(주36시간 미만)
④ 파견근로자
⑤ 일용근로자(신청일 이전 90일 동안 10일 이상 고용보험 취득이력 있는 자)
⑥ 자영업자
⑦ 180일 이내 이직 예정자
⑧ 무급휴직 중인 사람(경영상 이유로 90일 이상)
⑨ 50세 이상(대규모 기업에 고용된 자에 한함), 3년간 훈련 이력이 없는 사람
각 지역 고용센터에 방문해 카드를 신청하면, 1년에 200만 원까지 훈련비를 지급받는다. 직업훈련 기관이나 지정 학원에서 다양한 분야의 교육을 받을 수 있는데, 분야에 따라서는 교육비의 20~50%를 부담해야 한다.

고용노동부 www.hrd.go.kr

자신에게 맞는 재테크를 터득하라

　40대 초반의 K씨는 입사 동기인 P씨와 얘기를 나누다 같은 월급을 받는데도 생활의 여유가 다르다는 것을 알았다. 아직 서울에서 전세로 살고 있는 K씨에 비해 P씨는 신도시에 분양받은 아파트에서 살면서 지방 소도시에 소형 아파트를 장만해서 월세 임대 소득까지 올리고 있었다. 또 월세 수입을 모아 만든 목돈으로는 주식이나 금융상품에 투자해서 짬짬이 수익을 올리고 있었다. K씨나 P씨나 출발은 똑같았다. 두 사람 모두 결혼할 때 부모님으로부터 받은 전세자금 말고는 물려받은 것 없이 시작했지만 직장 생활 15년 만에 이 정도의 경제 격차가 생겼다. K씨가 월급에만 의지하고 여유 자금은 안전한 은행에만 맡겨 운용한다면 두 사람의 경제적 격차는 더 벌어질 수밖에 없다.

　K씨는 "요즘처럼 금융위기가 빵빵 터지는 시기에 어떻게 위험을 무

릅쓰고 투자를 하느냐. 내가 갖고 있는 돈을 지키는 것이 현명한 것"아니냐고 항변한다. 물론 몇 년에 한 번씩 닥치는 금융 대위기에 P씨의 주식 가치가 급락하는 타격을 입기도 했지만, 시간은 P씨 편이어서 인내심을 갖고 기다렸더니 자산 가치를 회복할 수 있었다고 한다.

재테크가 정말 어려워졌다. 초저금리 시대에 들어서면서 도대체 돈을 어떻게 굴려야 할지 고민하는 사람들이 늘었다. 고수익을 보장한다는 말에 투자했다가 큰 손실을 보기도 한다. 결국 인플레율에도 못 미치는 이자를 받고 돈을 묻어두어야 하는 건지, 위험을 감수하고라도 조금이라도 높은 수익률을 찾아야 하는 건지 고민이 크다.

저성장·저금리 시대의 투자에 대해 트러스톤자산운용 연금포럼의 강창희 대표는 '공부를 하라.'고 조언한다. 거시 경제에 대해 공부를 해서 투자 적기를 찾아야 하고 금융상품을 고를 때에는 이자율, 수수료 등을 꼼꼼하게 알아보라는 것이다. 또 자금을 목적에 맞게 운용할 것을 권한다. 매월 사용해야 하는 생활자금과 자녀들 교육비, 주택 수리자금, 해외여행 자금 등 특정 목적을 위해 준비한 자금을 투자에 써서는 안 된다. 당분간 은행에 묻어둘 여유 자금이라면 리스크가 따르더라도 주식, 채권, 펀드, ELS 등 투자상품에 가입하는 것도 좋다. 투자를 할 때에는 자신의 기대여명이나 앞으로의 라이프스타일의 변화 등을 고려해 중·장기 목표를 세우고 투자 기간에 맞추어서 투자상품을 고르도록 한다. 요즘은 '가만히 있는 것이 버는 것'이라며 아무것도 하지 않는 사람들도 많지만 인플레 리스크를 무시할 수 없음을 기억해야 한다. 인플레가 진행된다는 것은 돈의 가치가 떨어진다는 뜻이다. 예를 들어, 연 3%의 인플레율이 25년간 계속된다면 원본 100만 원의 가치는 약 48만 원, 즉 절반 이하의 가치로 줄어든다. 원리금이 보장되는 저축 상품에 가입해 노후 대비를 해왔는데 돈의 가치가 이런 식으로 줄어든다면 후반 인생이 얼마나 힘들어지겠는가.

　현재의 저금리 기조가 계속된다면 나중에는 일본처럼 은행에 돈을 맡겨두기 위해 '보관료'까지 내는 상황이 올 것이다. 참고로 일본의 금리는 0.1%인데, 인플레이션을 감안한다면 은행에 장기간 예금한 결과가 마이너스가 된다. 공부를 해서 주식, 채권, 펀드, ELS 등과 같은 투자상품에 일정 부분의 자산을 운용하지 않으면 노후 대비가 어렵다. 그런데 투자상품은 저축 상품과는 달리 고수익을 낼 수도 있지만 잘못하면 원금 손실을 볼 수도 있다. 또 손실을 보더라도 그 상품을 판매한 금융기관이 책임을 지지 않는다. 따라서 노후 대비 자금을 투자상품에 넣어 운용하려면 투자의 원칙과 투자상품에 대해 공부를 해야 한다. 특히 그 상품을 운용하는 회사가 장기운용능력을 보유하고 있는 실력 있는 회사인지를 확인해보고 가입해야 한다.

　유념해야 할 것은 100% 원금 손실 위험이 없으면서 고수익을 낼 수 있는 상품은 존재할 수가 없다는 점이다. 현재 금융시장에는 많은 원금보장형 투자상품들이 출시되어 있다. 이름은 원금보장형인데 이러저러한 조건이 붙어 있다. 예를 들어 주가지수가 2년 이내에 40% 이상 하락하지만 않으면, 원금이 보장된다는 식의 단서조항이 붙어 있다. 가입자들 중에는 이 단서조항에 주의를 기울이지 않고, 어떤 경우에도 원금이 보장되는 상품으로 오해하다가 낭패를 보는 경우가 있다. 언제나 잊지 말아야 할 것은 '욕심을 줄이라'는 것이다.

　흔히 운이 없어 재테크에 실패했다는 사람들은 단번에 큰돈을 벌기

원하는 사람이 대부분이다. 단기간에 높은 수익률을 노리다 보면 욕심에 눈이 멀어 판단을 그르치고 만다. 그러므로 저금리 시대에 지나치게 높은 금리를 내세운다면 일단 의심해야 한다. 재테크를 하는 것은 '로또 복권'을 사는 것과는 다르다는 점을 인식하고, 낮은 수익률이라도 여유 자금을 굴리면서 조금씩 불려가야 한다. 재테크에 대해 관심을 갖고 공부해야 하는 이유는 자산을 늘리기 위해서기도 하지만 자산을 지키기 위해서기도 하다.

Tip

전문가들이 들려주는 건전한 재테크 원칙

1. '달걀을 한 바구니에 담지 말라'는 말을 기억하라.

   경제적 불확실성이 강해진 만큼 항상 위기 관리에 대비해야 한다는 것을 말한다. 즉, 한곳에 자산을 모두 투자하지 말고 분산 투자해야 위험을 줄일 수 있다.

2. 다양한 예금 상품을 활용하라.

   목돈을 월 이자 지급식 금융상품에 예치하고 매달 이자를 타서 노후 생활비에 보태는 것도 하나의 방법이다. 여유가 있으면 매달 이자를 수령하지 않고 3개월 또는 6개월 복리로 이자를 지급하는 상품을 선택하는 것도 지혜로운 방법이다. 주요 금융상품으로는 안정적인 A급 회사채, 각종 정기예금, 투신사 공사채형 저축 등이 있으며, 은행권의 적립식 목적신탁, 노후생활 연금신탁 등도 고려해볼 만하다. 원금보장형 금융상품을 활용해 고수익을 추구할 수도 있다. 원금보장형 상품은 자산의 대부분을 국공채에 투자해 원금을 보존하고, 채권 이자 부분을 주식 파생상품에 투자해 고수익을 추구한다. 은행의 주가지수 연동예금(ELD)이나 증권사의 주가지수 연계증권(ELS)은 원금 보존이 가능하며 주가 상승률에 따라 일정 비율의 추가 수익을 제공하는 고수익 추구 금융상품이므로 전문가의 조언을 받아 투자해볼 만하다.

3. 부동산의 경우 장기적으로는 하락 추세다.

   부동산이란 인구 변수와 밀접한 관련이 있다. 앞으로 인구 감소가 예상되면서 부동산에 대한 수요도 점점 줄어들 것으로 보인다. 일본의 경우를 보면 1980년 대 말까지만 해도 도쿄의 땅값은 금값이었다. 하지만 지금은 도쿄 변두리 아파트들이 몇 년 간 빈 상태로 방치돼 있다. 일본의 예처럼 부동산 가격은 장기적으로 하락할 것이지만 개발 수요, 다른 입지적 조건들이 맞물려 가격이 상승할 수 있는 부동산은 아직 있을 것이다. 부동산은 수요의 양극화, 가격의 양극화 현상이 일어날 것이다. 따라서 부동산을 매수할 때에는 철저하게 물건을 분석한 뒤 신중하게 결정해야 한다. 부동산 투자로 수입원을 확보하고 싶지만 목돈이 없는 경우, 또는 투자 대상을 선별하기가 어려워 투자를 주저하는 경우라면 리츠 REITs를 이용해볼 수도 있다.

REITsReal Estate Investment Trusts는 상법상의 주식회사로서 주식 발행으로 자금을 모집한 후 부동산에 투자·운용하여 얻은 수익을 투자자에게 배당하는 부동산 간접 투자 기관이다. 리츠 투자를 원할 경우는 공모주 청약에 참가하거나 주식 시장에서 구입하면 된다. 리츠는 설립 당시 발행 주식 가운데 30% 이상을 일반 인에게 공모하도록 규정하고 있으므로, 공모에 참여하고자 하는 투자자들은 해당 리츠 회사 공모를 맡은 주간 증권사에 계좌를 개설하고 일반 공모주 청약과 동일한 방법으로 참여하면 된다. 주식이 발행된 후부터는 일반 주식 매매와 동일하게 거래가 이루어진다.

1년에 두 번 이익을 배당하는 리츠는 연 8~10%2003년정도의 높은 수익률을 내고 있는데, 리츠는 배당 수익뿐 아니라 상장 후에 주식 거래를 통한 시세차익도 기대할 수 있으며 5년의 존속 기간 만기 시에는 청산 배당을 받을 수도 있다.

4. 주식은 부동산과는 달리 장기적으로 낙관적으로 보는 전문가들이 많다.

현재 주가가 안보상황 때문에 저평가되어 있는 데다, 2005년 연말 기업연금이 도입되면서 거액의 자금이 증시로 흘러 들어올 것이다. 따라서 여유 자금이 있으면 우량주를 조금씩 매입하는 것이 도움이 될 것이다. 주식이 전체적으로 활황이 된다고 해서 모두 돈을 벌 수 있는 것은 아니다. 주식 종목에 따라 언제나 희비가 엇갈리기 때문이다. 일반 투자자들이 종목을 선택하고 매수, 매도 시기를 결정하는 것은 쉬운 일이 아니다. 이런 경우 주가연동형 간접 상품에 가입하는 것도 생각해볼 만하다.

도움말 : 박동석(이데일리 증권부 부장), 원형규(교보생명 전략기획팀장)

주택은 자녀에게 물려줄 것이 아니라 내 노후 자금
-역모기지제도를 알자

    파리 북부 파예트 거리 근처의 한 아파트. 엘리베이터는 낡은 데다 냉방 시설조차 충분하지 않아 불편한 점이 한두 가지가 아니지만, 집주인인 쿠베르 씨에게는 '생활비를 대주는 고마운 존재'다.

    국민기초연금만으로 생활이 어려운 그는 집을 담보로 은행에서 매달 생활비를 받아 쓰고 있다. 일명 '역모기지제도'를 활용하고 있는 것이다. 주택을 담보로 돈을 빌려 쓴다는 점에서 역모기지제도는 주택 담보 대출과 비슷하지만, 채무자가 아무리 오래 살더라도 끝까지 생활비를 받을 수 있다는 점과 죽은 뒤 은행이 부동산을 처분해 빌려준 돈을 변제하고 남는 돈은 상속인에게 돌려준다는 점이 다르다. 아파트의 실소유주인 은행은 매 분기 집을 방문해 고장이나 파손을 점검하고 보수해주기도 한다. 그의 유일한 상속인인 외아들은 자신이 성장한 집이 팔리게 된다는 것이 아쉽다고 한다. 하지만 그는 "아버지의 생활비를 대 줄 경제력이 없기 때문에 주택을 처분할 수밖에 없다."고 말한다.

세계에서 역모기지제도가 가장 활성화돼 있는 나라 중의 하나인 프 랑스에서는 쿠베르 씨처럼 아파트를 담보로 매달 생활비를 받아 쓰는 고령자가 적지 않다. 역모기지제도는 프랑스 이외에 미국, 일본 등에서 시행되고 있으며, 한국에도 2007년 '주택연금'이라는 이름으로 도입 됐다.

노후 대책의 하나로 활용될 수 있는 이 주택연금제도에 대해 좀 더 알아보자. 주택연금제도는 노인들이 자신의 주택이나 아파트에서 계 속 살면서 그 자산 가치를 조금씩 현금화하는 방법이다. 사망이나 약정 대부 기간이 끝난 경우에는 부동산을 처분, 매각금으로 이때까지 받은 융자액원금+이자을 변제하게 된다. 자신의 집에서 계속 살면서 생활비도 받아 쓸 수 있지만, 자녀에게 부동산을 유산으로 남길 수는 없다는 것 이 걸린다.

한국에서는 주택이 단지 사는 장소가 아니다. 한평생 저축하고 땀 흘려 일군 재산이며, 자식들에게 물려줄 상속 품목이다. 이 때문에 노 후 생활비로 까먹거나, 자식 대신 은행에 넘겨준다는 것을 원치 않는 다. 어쩔 수 없는 경우, 최후의 수단으로나 여길 것이다.

그런데 이 문제에 있어서는 좀 더 합리적으로 생각할 필요가 있다. 주택을 자식에게 물려주든 은행에 넘기든 결국 노후 보장이라는 점에 서는 마찬가지다. 자식에게 유산을 상속하는 데에는 자녀들이 자신의 노후를 돌보아주리라는 기대가 담겨 있다. 그런데 평균 수명이 길어지 면서 자식의 힘만으로 부모의 노후 보장을 하기에는 어려운 상황이 됐다. 상속–부양의 대응 관계는 더 이상 성립하기 어렵다. 무거운 상속세를 물리면서 주택을 자식에게 상속하기보다 역모기지제도로 노후를 감당함으로써 자식들의 부담을 줄이는 게 낫다는 사고방식도 가능해진다.

최근에는 '내 집'에 대한 집착이 사라지면서 주택연금을 이용하는 사람들도 늘어나고 있다. 주택금융공사의 설문조사에 따르면, 자신의 집을 상속하지 않겠다는 사람이 네 명 중 한 명25.7%에 이른다. 이런 경향은 가구주의 나이가 젊을수록 강해지는 것으로 나타났다. 실제로 주택연금 가입 건수가 2007년에는 515건에 불과했지만 2014년 6월 기준으로 누적 2만 건이 넘었다. 그렇다면 주택연금을 통해 얼마나 받고 있을까? 하나금융경영연구소 보고서에 따르면, 2013년 주택연금 가입자는 월평균 108만 원을 주택연금으로 받고 있다. 여기에 국민연금 등을 보태면 노후 생활비는 해결될 듯하다.

향후 주택연금은 부동산 자산은 있지만 유동성 확보에 어려움을 겪는 고령층 서민의 노후 생활자금 마련 수단으로 정착할 것으로 보인다.

한편 주택연금제도가 무엇인지 안다면, 제로 금리에 가까운 장기적금을 붓거나 원금마저 까먹을 우려가 있는 주식 투자를 하느니, 차라리 제대로 된 주택 마련에 힘을 쏟는 게 낫다는 것을 알 것이다.

또 주택연금제도를 활용할 생각이라면 자녀에 대해서도 이를 미리 주지시킬 필요가 있다.

주택연금에 가입하겠다고 신청했다가 철회한 노인 두 명 중 한 명은 아들, 며느리 등 가족의 반대 때문에 가입을 철회했다고 한다.

혹시 자녀의 반대로 주택연금을 가입하지 못하고 자녀에게 집이나 부동산을 물려주는 경우도 있다. 이때에는 야박하더라도 '부양계약서'를 받아두는 것도 방법이다. 자녀들이 유산만 상속받고 부양을 하지 않아 부모가 자식을 상대로 재산을 돌려달라는 '불효소송'을 제기하는 경우가 있기 때문이다. 그러나 불효소송을 벌인다 하더라도 부모가 소송에서 지는 경우가 많다. 부양을 조건으로 증여한다는 증빙서류가 없다면 원칙적으로 증여한 부동산을 되찾을 수 없다. 결국 소송까지 갔다가 부모와 자식 관계만 악화되는 수가 있다. 따라서 내가 절박한 입장이라면 매정하지만 자녀와도 계약서를 주고받아야 할 것이다.

TiP

주택연금 가입 조건

1. 가입 가능 연령 : 주택 소유자가 만 60세 이상(부부 공동 주택소유시 연장자가 만 60세 이상)
2. 주택 보유수 : 부부 기준 1주택만을 소유
3. 주택연금 대상 주택 : 시가 9억 원 이하의 주택 및 지방자치단체 신고 노인 복지주택 등

노후에 어디에서 살 것인가

"이웃집 아가씨, 생일 축하해요!"

서울 신당동에 자리 잡은 유료 실버타운 '시니어스타워'에서는 매달 한 번씩 입주자 생일 파티가 열린다. 머리가 반쯤 벗어진 70대 할아버지가 이날 생일을 맞은 할머니에게 장미꽃을 건네주자, 주위에서는 의미 있는 웃음이 번져간다. 주름진 얼굴에 립스틱과 파운데이션으로 곱게 화장을 한 할머니는 "젊었을 때는 내 생일이 언제인지도 모르고 지냈는데……."라며 기쁨을 감추지 못한다. 40여 명이 모인 이날 생일 파티에서는 노래자랑도 벌어졌다. 저마다 노래 교실에서 익힌 솜씨를 자랑하느라, 마이크가 쉴 틈이 없다. 한켠에서는 한 할머니가 옆자리의 할아버지에게 귤을 까 건네주며 시중을 드느라 여념이 없다.

1998년 문을 연 시니어스타워는 한국 최초의 유료 실버타운이다.

운영주체가 병원인 데다 교통이 편리한 도심에 위치해 아직 활동적인 시니어들에게 인기가 많았다.

이곳의 입주 자격은 60세 이상배우자는 55세 이상이며 입주 당시 금방 분양이 끝났을 정도로 인기가 높았다. 시니어스타워는 신당동 이외에 분당, 가양동, 강서, 하남시 등에도 문을 열었다. 입주금은 분당시니어스타워를 기준으로 평당 1억 5천만 원 정도이며, 25평형의 최근 시세가 3억 7천만 원이라고 한다. 자기 명의로 등기가 가능한 대신 분양금은 15년 기준으로 이전에 나가는 경우 감가상각분을 돌려받지 못한다. 입주비와는 별도로 2인 1실 기준으로 130만 원 정도의 생활비를 낸다. 당뇨병·고혈압 등 질환에 따라 개인별 식단이 준비되며, 이곳에서 진행되는 다양한 여가프로그램을 이용할 수 있다.

이곳은 운영 주체가 병원이기 때문에 대형 수술이 아닌 일반 질환의 경우 무료로 진료 및 치료를 받을 수 있다. 회원들이 매일 들르는 카운터에 빈혈제를 비치해두거나, 1년에 두 번씩 실시하는 정기검진, 영양 강좌 개최, 물리 치료 등의 서비스도 고령의 입주자들에게는 인기다. 그래서 대부분의 입주자들이 "이곳으로 이사 온 뒤 건강이 좋아졌다."고 말한다. 무엇보다 비슷한 계층의 이웃들과 어울리면서 활기를 유지할 수 있다는 점이 이곳의 가장 큰 장점이다. 이웃을 의식하기 때문에 현관 밖으로 나오면서도 공들여 화장하고 멋지게 차려입는 등 신경을 쓴다는 것이다.

시설의 직원은 "이곳에는 싱글들이 많기 때문에 연애 사건도 많다."고 귀띔해준다. 또 한 가지 서울 도심에 위치해 있는 점도 노인들이 선호하는 이유다. 과거에는 실버타운이 경기도나 강원도 오지에 자리 잡는 바람에 외면을 받았는데 최근에는 대부분의 실버타운이 자녀들이 방문하기 쉽고 노인들도 쉽게 시내 나들이를 할 수 있는 도심지에 자리 잡는 추세다.

시니어스타워 이외에도 2001년에는 삼성이 운영하는 노블카운티가 용인에 들어섰고 2009년에 24시간 컨시어지서비스, 24시간 응급케어서비스, 하우스키핑, 발레파킹, 천연암반수 사우나 등 초호화 시설로 화제를 모은 더클래식 500이 등장했다. 또 무료건강증진프로그램, 해외 휴양지와 연계해 다양한 프로그램을 운영하는 SK그레이스힐 등 다양한 시설들이 선을 보였다. 노인복지법 상 노인복지주택으로 분류되는 위의 실버타운들은 현재 전국에 약 100여 개가 있으며, 규모 있는 실버타운은 20여 개가 꼽힌다. 그중에는 입주비가 수십 억에서 수억 원에 이르는 고가 시설이 있는가 하면 지방의 종교단체들이 월 70만 원 정도의 생활비를 받고 운영하는 저가 시설도 있다.

이왕이면 호사스러운 시설에서 살고 싶은 게 인지상정이지만, 사실 실버타운은 시설이나 프로그램 수준 외에도 직원들의 태도나 거주하는 입주민 사이의 조화로운 관계도 살아가는 데 중요하다고 한다.

노후에 어디에서 살 것인가? 예전과 달리 자녀와 동거하는 대신 노부부만의 생활을 원하는 사람들이 늘어나면서 주거 문제 역시 중요하게 준비해야 할 노후 대책이다.

요즘은 시니어스타워와 같은 노인복지주택도 늘어나고, 전원에 동호인 주택을 짓고 사는 경우도 있어 선택의 폭이 넓어지고 있다. 나이가 들어서는 부부끼리 또는 형제끼리, 친구끼리 실버타운에 들어가자는 얘기가 오갈 정도로 노인 전용 주거가 보편화될 것으로 기대된다.

은퇴하기 전까지의 주거는 직장과 자녀 교육이라는 요인에 좌우됐다. 그러나 자녀들이 독립하고 자신이 퇴직을 한 이상, 위치와 주거 형태를 결정하는 데는 단연 생활 중심이 될 수밖에 없다. 구체적으로 정년 이후 주거 장소를 결정하는 요소로 교통편(자녀가 자주 찾아올 수 있는가), 의료 시설(몸이 불편할 때 신속한 의료 서비스가 가능한가), 물가, 기온 등을 고려해야 할 것이다.

예전에 영국에서 유학하고 돌아온 한 회사원에게 들은 이야기가 기억이 난다. 영국에 도착한 뒤 먼저 아파트를 구입하기 위해 부동산 소개업자와 함께 런던 시내 이곳저곳을 돌아다녔다고 한다. 그런데 교통이 편리하고 편의시설도 많아 마음에 드는 아파트에 가면 거의 노인이 살고 있더라는 것이다. 그는 "노인이기 때문에 생활하기 편리한 곳에 살아야 한다."는 부동산업자의 설명에 크게 공감했다고 한다.

나는 남편과 은퇴 이후 어디에서 살 것인가에 대해 자주 얘기를 나눈다. 남편은 전원생활을 원하지만, 나는 자연과 더불어 사는 것도 중요하지만 서로 이야기가 잘 통하는 벗들과 어울려 살고 싶으며, 공연이나 전시회 등 문화적 자극을 쉽게 접할 수 있는 장소가 좋겠다는 생각을 가지고 있다.

사람은 언제까지나 사회적 동물이기 때문에 누가 이웃이 되느냐도 중요한 문제다. 형제들이 모여 살거나, 친한 친구들이 한 마을을 이루고 사는 것도 즐거울 것 같다. 이런 점에서 '전원형 동호인 주택'도 호감이 간다. 전원에 몇 가구가 모여 공동 주택을 짓고 생활한다면, 전원생활에 쉽게 적응이 될 것 같다.

경기도 과천시에 자리 잡은 공동 주택도 바로 그러한 예다. 전원 풍

실버타운(주택) 현황(2015년 3월 기준)

규모	시설명	운영주체	입주금(만)(평형)	월 생활비(만)(관리비+식비)	위치	인원(세대)
대형(9개)	삼성노블카운티	삼성생명공익재단 삼성노블카운티 공익재단	31,200(30)	180	도시근교	553
	서울시니어스 가양타워	서울시니어스타워(주) 병원	36,876(25)	123	도심	419
	더헤리티지	서우로이엘(주) 기업	75,000(52)	140	도시근교	390
	더클래식500	학교법인건국대학교 학교법인	92,000(56)	294	도심	380
	명지엘펜하임	사회복지법인명지원 학교법인	42,840(42)	106	도시근교	330
	마리스텔라	(재)인천교구천주교재단 천주교	29,100(24)	130	도시근교	264
	서울시니어스 분당타워	서울시니어스타워(주) 병원	32,692(25)	151	도시근교	254
	미리내실버타운	오로지종합복지원 천주교	10,000(21)	115	전원	240
	노블레스타워	백마C&L(주) 기업	37,500(33)	164	도심	239
중형(12개)	더케이서드에이지	더케이서드에이지(주) 공익재단	16,000(32)	139	전원	222
	흰돌실버타운	사회복지법인로사사회봉사회 천주교	9,000(17)	74	도심	207
	그레이스힐	(주)케이에이치아이앤디 기업	30,000(21)	128	도심	182
	동해약천온천 실버타운	사회복지법인대진복지재단 대순진리교	10,300(24)	90	전원	164
	유당마을	사회복지법인빛과소금 복지재단	20,900(27)	158	도시근교	159
	청심빌리지	사회복지법인청심복지재단 통일교	10,563(22)	117	전원	155
	김제부영실버아파트	(주)부영주택 지자체	3,670(23)	30	전원	150
	내장산실버아파트	(유)지성주택건설 지자체	7,100(28)	30	전원	147

	서울시니어스 서울타워	서울시니어스타워(주)	27,300 (23)	143	도심	144
		병원				
	서울시니어스 강서타워	서울시니어스타워(주)	32,000 (25)	193	도심	142
		병원				
	정원속궁전	정원속궁전(주)	34,900 (31)	114	도시근교	140명
		기업				
	일봉실버랜드	사회복지재단일봉복지재단	5,000 (15)	90	전원	133
		대한불교일붕선교종				
소형 (11개)	수동시니어타운	새성복건설(주)	8,100 (16)	70	전원	100
		기업				
	공주원로원	사회복지법인 한국장로교복지재단	6,000 (15)	78	전원	92
		기독교				
	월명성모의집	사회복지법인 바오로복지재단	6,600 (15)	66	전원	83
		천주교				
	골든팰리스	골든팰리스	31,000 (21)	170	도심	75
		병원				
	하이원빌리지	재단법인원불교	20,400 (22)	98	도심	60명
		원불교				
	포천실버타운	재단법인 한국노인복지진흥회	10,000 (16)	90	전원	50명
		공익재단				
	생명숲실버하우스	실버타운생명숲	13,000 (15)	130	전원	29명
		개인				
	더드림실버타운	더드림실버타운	480 (5)	50	전원	24명
		개인				
	백향그린실버타운	백향그린실버타운	4,000 (10)	75	전원	−
		개인				

출처 :《실버타운 간 시어머니, 양로원 간 친정엄마》(Goldbooks)

경이 물씬한 이곳에는 네 동의 건물이 한 울타리 안에 들어서 있다. 50대 후반의 대학 교수, 의사 등 전문직 부부 네 쌍이 살고 있는 이 집은 각 가구의 개성과 동질성이 적절히 조화를 이루고 있다. 각 건물은 설계는 똑같지만 외벽의 색깔이나 커튼, 벽지 등이 제각각이어서 같으면서도 아주 다른 분위기다. "자녀들이 모두 독립하고 부부들만 남게 됐죠. 또 모두 시간적으로 여유가 많은 직업이다 보니, 부부만 생활하는 것이 왠지 쓸쓸하다는 생각이 들었습니다." 오랜 친구인 이들은 함께 살기로 의기투합한 이후로 시간을 들여 위치를 선정하고 머리를 맞대어 설계를 했다. 더 이상 재건축으로 인한 가격 상승을 기대할 수 없는 아파트보다 오히려 환경이 좋은 곳의 공동 주택이 부가가치가 높아질 것이라는 계산도 깔려 있었다. 부지 매입, 인허가, 설계, 건축 등 복잡한 과정도 함께 풀어갔다. 혼자 힘으로 전원주택을 짓는 것보다 동호인 주택을 짓는 것이 유리한 점은 비용 절감에도 있다. 설계, 시공 등을 공동으로 하니 비용을 20%까지 줄일 수 있었다.

집을 짓는 일과 함께 이들이 주력한 것이 공동생활 규칙 만들기였다. "수십 년 알고 지내온 사이기는 하지만 함께 살다 보면 갈등이 생길 수도 있겠다 싶었지요. 이웃에게 피해 안 주고 부부싸움하기, 쓰레기 처리 방법, 주말의 공동 취미생활 등에 대해 의논하고 규칙을 만들었습니다." 함께 살면서 좋아진 점으로는 정서적으로 충실해졌다는 점을 든다. "남편은 금요일 밤이면 항상 친구와 술 한잔 하기를 원했지요. 예전에는 술친구를 찾아 멀리까지 헤맸는데 이제는 집이나 이웃에서 마시니 걱정할 일이 없지요."

동호인 주택에 대해서는 위의 성공 사례가 오히려 희귀한 경우다. 아내들의 네트워크 때문에 함께 살기로 했지만 결국 불편한 쪽이 나오게 되고 그래서 이사를 갔다는 실패 사례도 적지 않다. 이러한 측면을 고려한다면 동호인 주택은 즉흥적으로 결정할 일이 아니다. 하지만 마음이 맞는 사람들과 함께 또 따로 산다는 동호인 주택만의 매력이 크기 때문에 함께 사는 준비를 하면서 서서히 이루어나가는 것도 좋을 것 같다.

또 노년기 주거 환경을 고려할 때 염두에 두어야 할 점이 바로 간병 서비스를 받아야 하는 경우다. 혼자서 식사, 배변 등 일상생활을 하기가 어려워지면 현재와 같은 주택에서의 생활은 포기해야 한다. 외국의 경우를 살펴보면 노부부가 건강한 상태로 자가 주택에서 살다가 휠체어를 타거나 거동이 불편해지면 집을 배리어프리로 개조해서 생활을 하게 된다. 문턱을 없애고, 핸드레일을 설치하고, 간병이 수월한 형태의 화장실, 샤워시설로 개조하는 데 정부가 보조금을 주기도 한다. 그러한 집에서 간병 서비스를 받으며 사는 것이 이상적이다. 하지만 여기에서 더 신체기능이 저하되면 의료와 간병이 제공되는 공동주택을 찾게 된다. 노인전문병원이나 요양시설이 이에 해당한다. 흔히 실버타운이라고 불리는 노인복합주택이나 양로시설은 아직 활동력이 있는 노인들이 사적인 공간과 공동의 활동 공간을 동시에 확보함으로써 활동적 노후 생활을 하는 장소다.

이밖에도 약간의 장애를 가진 노인들 5~8명이 함께 생활하며 1명의 관리인으로부터 식사준비나 생활의 도움을 받는 노인공동생활가정, 일명 그룹홈도 있다.

일본의 경우 처음에는 자립 생활이 어려운 노인들이 서로 의지하기 위해 자생적으로 생겨났는데, 그룹홈 자체가 하나의 주거 사업이 되면서 전국에 5,000개 이상의 그룹홈이 생겼다고 한다.

그룹홈의 장점은 무엇보다 일반 주택에서 10명을 넘지 않는 숫자가 생활하면서 가정적인 분위기를 유지할 수 있다는 점이다. 그러나 이런 분위기 때문에 입주자 간에 마찰이 생기면 계속 생활하기가 어렵게 되는 단점도 있다. 한국에서는 아직 일반적이지 않다.

향후 노인의 필요에 맞는 다양한 주거 공간, 주거 서비스가 등장할 것으로 점쳐진다.

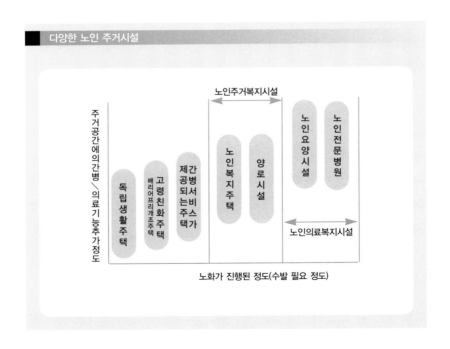

다양한 노인 주거시설

함께 사는 유연성을 길러라

    2년 전 자식들의 반대를 무릅쓰고 복지관에서 만난 할머니와 동거에 들어간 P할아버지. 10년 전 상처하고 혼자 살아왔다는 그는 동거 생활의 기쁨을 생생하게 얘기했다.

    "예전에는 하루 종일 노인복지관이나 경로당을 헤맸지. 저녁이 되어도 집에 들어가기가 싫었어. 휑뎅그렁한 커다란 집에서 혼자 밤을 보내는 것이 서럽고, 덜컥 몸져누우면 어떻게 되나 하는 걱정이 많았지. 그런데 마누라랑 같이 사니까 그렇게 좋을 수가 없더라고. 텔레비전을 봐도 채널 싸움을 하니까 더 재미있고, 밥도 같이 먹으니까 더 맛있고……. 전구를 갈아 끼우려고 해도 의자 잡아주는 사람이 있어야지. 예전에는 아침에 눈을 떠서도 자리에서 빠져나오기가 너무 어려웠어. 일어나 봐야 혼자인데, 무엇을 하더라도 흥이 나지 않았지. 하지만 지

금은 눈을 떴을 때 부엌에서 달그락거리는 소리가 들리고 보글보글 된
장찌개 끓는 소리가 나니까 절로 힘이 나고 벌떡 일어나게 된다고."

그는 정말 신혼 재미에 빠진 20대 청년처럼 보였다.

인생 주기에 따라 독신 생활과 가족과의 공동생활을 반복하게 된
다. 대부분 대학에 진학하면서 독신 생활에 들어가고 결혼으로 다시 공
동체 생활을 시작한다. 30, 40대에는 전근, 이직, 유학 등으로 일시적
인 독신 생활을 하기도 한다. 50대 이후에는 대부분 자녀가 독립하며
부부만의 생활이 시작됐다가 배우자의 사망으로 다시 독신 생활을 하
게 된다.

2000년 보건복지부 자료에 의하면 한국의 독거노인 비율은 전체
노인 인구의 20.8%에 이르는데, 이 수치는 계속 증가할 전망이다.

사람에 따라서는 취미 생활이나 운동 등으로 독신 생활을 만끽하는
경우도 있다. 그런데 이렇게 독립적인 삶은 건강한 동안은 문제가 없지
만, 병이 나거나 몸이 불편해지면 버티지 못한다. 몸과 마음이 약해지
면 옆에서 건네주는 따뜻한 말과 손길을 그리워하는 것은 인지상정이
다. 그래서 자녀와 함께 생활하거나 P할아버지의 경우처럼 새로운 가
정을 만들기도 한다.

또는 실버타운에 들어가더라도 공동생활을 하고 싶어 한다. 실버타
운이나 노인 양로시설에서 입주자들을 돌보아주는 직원들이 '제2의
가족'이며, 친구나 뜻이 맞는 사람끼리 함께 생활한다면 이들이 바로
'대안 가족'이 된다. 앞의 그룹홈에서 함께 생활하는 입주자들은 일종
의 대안 가족이다. 함께 사는 사람들은 모두 살아온 길도 다르고, 취향
이 다르기 때문에 익숙하지 않은 측면도 많다. 하지만 함께 얘기하다

보면 내가 몰랐던 세상을 알게 되어 나름대로 재미있다.

　그런데 누구나 대안 가족과 공동생활을 할 수 있는 것도 아니다. 타인과 대화할 줄 모르고 자기 뜻만 내세우는 독불장군들은 동거인들로부터 배척당하기 때문이다.

공동생활을 시작하는 데 있어 염두에 두어야 하는 것은, 자기 집에서 누렸던 독립적인 생활 방식을 어느 정도 포기하지 않으면 안 된다는 점이다. 집안에서는 자신이 왕이었지만, 그러한 독재는 공동생활에서는 불가능하다. 식사 시간, 집 안 꾸미는 것 등 모든 것이 자기 뜻대로만 이루어질 수 없다.

노인이 된다는 것은 다시 어린 시절로 돌아가는 것이라고 하는데, 대안 가족과의 생활 역시 유치원에 들어가 새로 규칙을 익히고 자기를 양보하는 훈련을 하는 것과 마찬가지라고 생각한다. 타인과 살아갈 수 있는 유연성을 기르든지 노년기의 고독을 견딜 냉정을 기르든지 둘 중의 하나일 것이다.

부모 자녀 사이는 '의무와 권리의 관계'에서 벗어나
'인생을 함께 살아갈 동반자'로 서로를 받아들여야 한다.

Chapter 3

자녀와의 관계

행복한 노후를 보내려면
자녀와의 관계를 재정립하라

물고기 잡는 방법을 가르쳐라

독일의 극작가 브레히트가 쓴 단편소설 가운데 〈주책없는 할머니〉란 작품이 있다. "우리 할아버지가 돌아가셨을 때 할머니는 일흔둘이었다."로 시작되는 이 소설은, 손자의 눈으로 혼자 사는 할머니의 모습을 그린 것이다.

조그만 인쇄소를 운영하는 할아버지가 살아 계실 때, 할머니는 작은 체구에 자기주장도 없고 묵묵히 일만 하는 사람이었다. 하녀도 없이 혼자서 다섯 자식과 손주, 인쇄소에서 일하는 종업원까지 돌보았다. 할아버지가 돌아가신 뒤 할머니는 다섯 명의 자식 중 누구와도 살기를 거부하고 할아버지가 남겨주신 집에서 혼자 살기를 원했다. 자신의 거처에 대해 이렇게 강하게 주장한 것은 그녀 평생 처음 있는 일이어서 자녀들은 모두 놀랐다.

그런데 놀랄 일은 계속된다. 할머니가 영화관 출입을 시작한 것이다. 평생 근검절약하며 살아온 할머니가 젊은 사람들의 데이트 장소로 이용되는 수상쩍은 영화관을 드나드는 것이다. 같은 도시에 사는 자식들이나 친지들을 방문하는 일도 없고 집으로 초대하는 일도 없었다. 대신 가난한 공장 노동자들이나 여급들과 어울리기 시작했다. 할아버지가 돌아가신 지 반년이 지나자 이제는 이틀에 한 번꼴로 식당에서 외식을 하기 시작했다. 예전에는 남긴 음식을 쓰레기통에 버리지도 못했었다. 급기야는 한 젊은 여성을 집으로 데려와 동거를 시작했는데, 두 사람은 이웃 마을로 여행을 가는가 하면 부엌에서 포도주를 마시면서 카드놀이를 하기도 했다. 자식들이나 손주들을 집으로 초대하는 일도, 선물하는 일도 없었다. 2년 뒤 할머니가 돌아가셨을 때 손주는 이렇게 글을 맺었다.

"차근차근 살펴보면 그녀는 두 가지 생을 산 셈이다. 첫 번째 생은 아내와 어머니로서의 생이었고, 두 번째의 생은 그저 한 여성으로서의 삶이었다. 첫 번째의 생은 약 60년간 계속되었고, 두 번째의 생은 2년밖에 가지 않았다. 그녀의 노후는 조금도 외롭지 않았고, 결코 좀스럽게 살지 않았다. 그녀는 오랫동안의 노예 생활과 짧은 자유의 세월을 두루 맛보았으며, 인생이라는 빵을 그 마지막 부스러기까지 알뜰하게 챙겨 드셨던 것이다."

십수 년 전에 읽은 이 작품이 오래 기억에 남아 있다. 사람들 특히 여성들은 평생 자기에게 씌워진 역할을 수행하느라 한 번도 맘껏 살아보지 못하고 인생을 끝낸다. 그런데 브레히트의 소설 속 할머니는 마지막 2년을 실컷 즐기고 간 것이다. 인간이라면 누구에게나 감추어진 욕망이 있는데, 이를 시원스럽게 배출할 수 있었던 것이 통쾌하게 여겨지지 않을 수 없다.

하지만 대학을 졸업하거나 취업을 하고도 부모 곁을 떠나지 않는 '캥거루족', 부모가 가진 자산을 쪽쪽 빨아먹는 '빨대족', 독립했다가도 이혼이나 실직으로 다시 부모 곁으로 돌아오는 '연어족'이 회자되는 요즘 세상에서 어느 부모가 '마지막 남은 인생, 거리낌 없이 살아보겠다. 그러니 나에게 재산 물려받을 생각은 하지 말아라'고 말할 수 있을까?

보건복지부 2012년 자료에 따르면 자녀 1명을 대학졸업시킬 때까지 지출하는 돈이 총 3억 896만 원이라고 한다. 그나마 재수, 휴학, 어학연수 비용은 제외한 액수다. 대학 졸업 후에는 결혼비용, 주택마련 비용까지 보태주다 보면 1인당 4~5억 원은 거뜬히 든다.

노후에 조심해야 할 것에는 '자식 리스크'가 있다. 내 주변에도 자식 때문에 노후를 망친 경우가 있다. 고위공무원으로 은퇴해서 편안한 노후를 보낼 줄 알았던 A씨는 사업을 하겠다는 큰 아들에게 사업자금을 대주다가 연금마저 차압당하는 사태에 이르렀다.

편안한 노후를 바란다면 자녀들을 독립적으로 기를 필요가 있다. 많은 것을 남겨주려고 생각하기보다 이들이 스스로 성장하고 독립할 수 있도록 도와야 한다. 물고기를 잡아줄 것이 아니라 물고기 잡는 방법을 알려주어야 한다. 또 스스로도 부모님에게 유산을 물려받을 꿈은 접어야 할 것 같다.

평균 수명 60세 시대에는 부모가 자녀에게 집이나 부동산을 물려주는 것이 자연스러운 것이었다. 자식에게 자산을 물려주겠다는 생각이야말로 사람으로 하여금 열심히 일하게 하는 동기였다.

과거에는 이러한 재산 이전이 빨리 이루어졌지만, 요즘은 평균 수명이 길어지면서 유산 상속이 늦어지고 있다. 게다가 부모들도 '재산을 무덤에 가기 직전까지 틀어쥐고 있는 것'이 안전한 '노후테크'임을 깨닫게 된 것이다. 또 시간이 지날수록 남겨줄 것이 줄어든다.

미국의 베이비붐 세대는 자신의 부모에게서 재산을 물려받을 것을 기대하지 말라는 이야기가 나오고 있다. 미국의 베이비붐 세대는 하면 제2차 세계대전 이후 태어난 세대를 의미한다. 현재 60대에 이른 이들은 얼마 전까지만 해도 자신들의 부모가 죽고 나면 엄청난 자산을 물려받을 것을 기대했었다. 바로 이들의 부모 세대, 현재 80세 이상의 노인들은 인류 역사상 유례가 없는 경제 성장을 경험하면서 10조 달러 이상의 자산을 축적하고 있었기 때문이다. 이런 기대 때문인지 베이비붐 세대는 소비 지향적인 성향이 강하다. 부모로부터 재산을 물려받을 것이기 때문에 스스로 집을 장만하고 자산을 늘리기 위해 노력하지 않았다.

그런데 최근에 이런 기대를 버리는 게 좋을 것이라는 보고가 나오고 있는 것이다. 이유는 부모들이 기대 이상으로 오래 살고, 자신들의 간병 비용으로 자산을 거의 다 써버릴 것이기 때문이다. 한 연구에 따르면 미국 베이비붐 세대의 17%가 2001년 기준으로 이미 유산을 상속받았는데, 평균 액수가 4만 7,900달러였다고 한다. 이는 기대에 훨씬 못 미치는 액수다. 1989년 조사에서 미국인의 27%가 유산을 기대한다고 대답했던 데 비해, 2001년 조사에서 이보다 훨씬 적은 15%만이 유산을 기대한다고 답변했다. 점점 많은 미국인들이 '유산이 자신의 삶을 바꾸어놓을 것'이라고 생각지 않으며, 받게 되더라도 생활이 어려울 때 도움을 줄 정도로 생각하고 있다. 이들도 비로소 스스로 자기 세대의 부를 이루어야 한다고 생각하며, 장래 계획에 유산을 포함시키지 않는다고 한다. 대신 젊은 사람들은 "우리 부모님이 건강하시고 경제적으로 문제가 없다면 족하다."라고 생각한다. 한국에서도 상황은 마찬가지일 것이다.

부모의 재산은 대부분 당신들의 노후 생활비와 간병비로 충당될 것으로 보는 것이 현명하다. 따라서 부모의 재산을 내 것처럼 여기며 인생 후반기 자금 계획을 세운다면 낭패를 보게 될 것이다. 부모로부터 도움 받을 기대를 버리고, 스스로의 힘으로 일어서는 자립심이 필요하다. 설혹 나중에 부모로부터 받게 되더라도 이는 '오래전에 장롱 속에 숨겨두었던 용돈을 우연히 찾아내는 정도'의 행운으로 받아들여야 한다.

늦기 전에 자녀와 대화하라

어느 노인 복지회관에서 실시한 임종 준비 프로그램. 교실을 가득 메운 사람들은 60, 70대의 건강한 노인들로 생활수준도, 학력도 모두 높은 편이다. 강사가 가족 관계에 대해 얘기를 하는데 제일 앞줄에 앉은 한 할아버지가 주르르 눈물을 흘리는 것이 아닌가? 깜짝 놀란 강사가 강의를 진행하면서도 슬금슬금 눈치를 보는데 '가족' 이야기만 나오면 눈물을 다시 흘렸다. 뭔가 사연이 있겠다 싶어 강사는 강의가 끝난 뒤 이 할아버지에게 말을 걸었다.

양복에 머플러까지 잘 차려입은 이 노인은 강남의 고급 아파트에서 혼자 생활하고 있었다. 몇 년 전 부인이 죽은 뒤로 자식들과는 소식을 끊고 지낸다고 했다. 정확하게 말하면 두 남매가 발걸음을 뚝 끊어버렸다는 것. 젊은 시절 사업을 하면서 가정을 돌보지 않았던 그에게 "어머니의 질병과 이른 죽음은 아버지의 책임"이라고 비난하고 집을 나간 것이다.

젊은 시절, 술과 주색에 빠져 지냈던 그는 집으로 많은 돈을 가져다주었지만 가족들과 한 번도 다정하게 지내본 적이 없었다고 한다. "그때의 가장들은 가족을 굶기지 않는 것으로 자신의 책임을 다했다."는 그의 말처럼, 가족들이 얼마나 남편과 아버지를 그리워했는지 한 번도 생각해본 적이 없었다. 오히려 가족이 평균 이상으로 먹고살 수 있게 한다는 자부심으로 집에만 들어오면 기고만장했고 독재자처럼 굴었다.

나이가 들면서 예전에 사귀던 여자들로부터 외면당하면서 가족의 정을 찾게 됐지만 이미 때는 늦었다. 낮 동안의 적적함을 해소하기 위해 복지 센터의 교양 강좌에도 참석하지만 그의 가슴은 혼자 사는 아파트만큼이나 휑뎅그렁하다.

"지금은 건강을 유지해 혼자 외출도 하지만 몸이라도 아프면 혼자 병원에 갈 수 있을지……." 눈시울을 적신다. 강사는 자녀들의 거처를 묻고 자식들이 외면하더라도 계속 연락을 취하고 손주 생일에 선물을 보내는 등 관계 회복을 위해 계속 노력할 것을 조언했다.

그의 이야기를 들으면서 불현듯 아버지 생각이 났다. 검버섯과 주름이 가득하고, 마른 장작개비처럼 여윈 아버지 모습을 보면 젊은 시절 아버지의 모습과 연결이 안 된다.

4대 독자로 태어난 아버지는 부모님의 총애를 받으며 자랐다고 한다. 이 때문에 자기중심적이고 다른 사람과 어울리지 못하는 성격이 됐다. 젊은 시절에는 상당한 미남으로 직장에서 여성들의 인기를 끌었고 어려운 살림살이에도 테니스, 낚시, 사진 등 자신의 취미 생활을 위해서는 아낌없이 돈을 썼다. 이 때문에 부부 싸움도 잦았고, 우리에게도 애정을 표현하는 법이 없었다. 우리는 휴일이면 낮잠을 주무시는 아버지를 방해하지 않기 위해 늘 숨을 죽이고 지냈다.

그런 아버지가 변한 것은 이른 정년퇴직을 하면서다. 55세에 정년퇴직을 하시게 된 아버지는 갑자기 우리들의 생활에 들어오려고 애쓰는 것이었다. 이미 대학생이 된 우리들은 아버지가 방문을 열고 들어오며 "방이 춥지 않으냐?"라고 자상하게 말이라도 걸면 모두들 하던 얘기도 뚝 그치고 굳어버렸다. 아버지가 젊은 시절, 등산이며 테니스로 즐겁게 지내던 이야기를 꺼내기라도 하면 우리는 시계를 들여다보며 "어? 벌써 약속시간이네." 하며 주섬주섬 자리에서 일어나곤 했다. 지금 생각하면 참 가슴이 아프다.

아버지는 그때 정년퇴직 이후 '심적인 동요'를 겪으며 가족과의 관계를 회복하려고 시도하신 것이었다. 정년이란 사건이 한 개인의 심리에 얼마나 많은 부담을 주는 것인가를 조금이라도 이해했다면 아버지의 이야기에 더 귀를 기울였을 것 같다. 사람 사귀는 재주가 부족한 아버지는 한동안 우리 곁을 서성이다가 결국 꽁무니 내빼는 우리를 포기하고 예전의 껍질로 들어가버리셨다. 외출도 끊고 줄담배를 피우시게 된 게 그때쯤이었던 것 같다.

사람은 자신이 경험해보지 않으면 상대방의 심정을 모르게 마련이다. 노년기 고독은 그렇게 무거운데 이를 덜어줄 사람은 배우자, 자녀밖에 없다. 우리의 노후 문제를 생각하면서 새삼 부모님의 방문을 노크해볼 일이다.

그런데 강의를 들으면서 눈물을 흘리던 노인이나 나의 아버지나 젊은 시절 자녀와 대화를 나누었다면 이렇듯 참담한 결과가 되지는 않았을 것이다.

　자녀에게 애정을 표현하는 것 자체를 부끄럽게 생각했던 아버지 세대와는 달리, 다행히 우리 세대는 자녀들에게 개방적이며 평등한 관계를 유지하고자 한다. 우리 부부는 아이들이 어릴 때 함께 올챙이를 보러 가거나 천문대에 별을 보러 가기도 했다.

　그런데 아이들이 성장할수록 대화가 줄어든다. 대화 내용도 주로 "공부했니? 시험이 언제지?"이다. 남편은 "아빠 낮잠 자고 일어나서 얘기하자."라고 하고, 나는 "지금, 엄마 일해야 하니 방해하지 말라."고 아이들을 쫓아버린다. 결국 우리 역시 우리 부모님 세대의 잘못을 되풀이 하고 있는 것이다. 그래서 우리가 늙으면 우리 아이들도 "우리 바빠요." 하면서 모두 달아날 것 같다.

자녀로부터 독립하라

미국에서 교편을 잡고 계시는 한 교수님이 미국의 너싱홈에 대해 들려주셨다. "그곳에서 사는 노인들이 밥 먹는 시간을 빼고 어디에 몰려가 있는지 아십니까? 바로 전화기 앞입니다." 행여 자식에게서 전화가 오면 이를 놓치지 않고 받겠다고, 오지도 않는 전화를 목마르게 기다리는 광경을 두고, 그는 "자식이야말로 인간의 가장 큰 약점"이라고 말했다.

내가 한국의 한 요양원을 방문했을 때 비슷한 일을 경험했다. 침대에 누워 있던 한 할아버지가 갑자기 호주머니에서 꺼낸 종이쪽지를 내 손에 꼭 쥐어주었다. "우리 아들 전화번호인데 전화 좀 걸어주시구랴. 여기 직원들은 내가 부탁해도 들어주지도 않아."

나중에 직원으로부터 들은 얘기는, 4대 독자라는 아들은 아버지를 요양원에 모셔놓은 뒤 한 번도 찾아오지 않는다는 것이다. 할아버지의 거듭된 부탁으로 전화를 했지만 아들은 매번 '회사 일'을 핑계 댄다고 한다.

부모는 자식에게 사랑을 쏟아부었지만, 자식은 부모의 기대에 부응하지 못한다. 그래서 노인이 되면 "어떻게 내 자식이 저럴 수 있나?" "내가 저희를 어떻게 키웠는데?"라고 괘씸한 마음을 버릴 수가 없다. 이렇게 기대가 무너지면서 부모 자녀 관계가 위태로워지기 시작한다. 특히 '자식이 나의 전부'라고 생각하면서 살아왔던 사람일수록 더욱 심하다.

내 입에 들어갈 것을 자식 입에 먼저 넣어주었던 부모에게 자녀는 당연히 '노후 보장'이 돼야 한다. 하지만 자녀에게 물어보면, '부모는 당연히 희생하는 존재'라고 생각했다고 한다.

앞의 경우와 같이 자식이 비난받아야 마땅한 상황을 제외하면 항상 자녀 탓만 할 수도 없다. 시간적으로나 경제적으로 부모를 돌볼 여건이 못 되는 현실 탓도 있고, 부모가 자식에게 지나치게 의존하고 기대하는 것도 문제다. 특히 부부 중심으로 가정이 유지된 서양과 달리 부모-자녀 관계가 중심인 한국에서는 나이가 들수록 자녀의 비중은 커지기만 한다. 젊었을 때 배우자에게 얻지 못했던 만족감을 자식을 통해 얻으려고 하기 때문이다.

한편 나이가 들어서도 여전히 자녀에게 군림하기 원하거나 자녀를 아이 취급하는 부모도 있다. 부모의 눈에는 자식이 영원히 '어린아이'로 보인다. 이를 자녀에 대한 사랑이라고 생각할지 모르지만, 성인이 된 자녀들은 불만이다. 출근을 하는 중년의 아들에게 노부모는 "차 조심해라." "밥은 잘 챙겨먹어라."고 당부를 한다. 지나치면 자녀의 생활에 일일이 간섭을 한다.

자녀가 성장한 뒤에도 언제까지나 어린아이로 바라보는 것 또한 부모 자녀 간의 동물적 애착 관계에서 벗어나지 못하기 때문이다. 그러나 엄격히 보면 자식도 남이다. 유전자의 염기서열이 비슷하고 오랫동안 공동생활을 해와서 누구보다 서로를 더 잘 이해하는 사이이기는 하지만, 서로 다른 개성과 인격을 지닌 독립된 개체인 것이다. 따라서 성인이 된 자녀에 대해서는 개성을 존중하고 적당한 거리를 유지하는 것이 필요하다.

서양에서는 부모와 자식은 '수프가 식지 않은 거리'에 사는 것이 좋다고 말한다. 가깝지도 멀지도 않은 거리를 지칭하는데, 요즘은 교통과 통신의 발달로 수프가 식지 않은 거리가 점점 범위를 넓혀가며 '상호지원과 자립'이란 이율배반적인 관계를 가능하게 하고 있다.

미국 사회학회 회장인 마틸다 화이트 릴리 박사는 자신과 딸의 관계를 이렇게 말했다.

"내 딸과 나는 45년을 함께 지내왔다. 그 가운데 단지 18년만이 부모와 자녀 관계로 지내왔다. 수명이 짧았던 조상들과는 달리 우리는 부모 자녀 관계를 넘어 함께 성숙하며 늙어왔다. 같은 취미와 경험 등을 공유하며 서로의 인생을 풍부하게 해주었다."

평균 수명이 길어지면서 부모들은 성장기 자녀와 보내는 시간보다 성인이 된 자녀와 보내는 시간이 더 길어지게 됐다. 자연스럽게 부모 자녀 관계도 보호에서 대등한 관계로 옮겨가고 있다.

만약 부모를, 또는 자녀를 친구로 생각하고 살 수 있다면 그보다 이상적인 관계는 없을 것 같다. '의무—권리의 관계'에서 벗어나 '인생을 함께 살아갈 동반자'로 본다면 그동안 갖고 있던 섭섭하고 괘씸한 마음이 사라질 것이다.

자녀와 노후 사이에서
합리적 균형을 찾아라

"그런데, 도훈이 어머니, 도훈이가 25%는 엄마 몫이라네요?"

"네?"

"25%요!"

"아! 네……."

유치원생인 둘째가 또래들과 팀을 짜서 영어를 배우고 있는데, 하루는 수업이 끝나고 책을 주섬주섬 챙기던 영어 강사가 나에게 의미심장한 눈길을 던진다.

"25%가 뭐예요?"

옆에 있던 다른 엄마들이 호기심을 보였다.

25%는 내가 두 아이들에게 노상 주입을 시킨 숫자다.

"엄마, 아빠의 노후를 위해 앞으로 너희들이 벌어오는 월급의 25%

를 무조건 가져와야 한다."

물론 아이들이 월급의 25%를 부모에게 가져오리라고 생각한 것은 아니다. 월급의 25%를 내놓을 정도로 여유가 있을 것 같지도 않으며, 그 여유를 자신들의 취미 생활을 희생하고 부모의 생활비로 돌릴 정도로 기특할 것 같지도 않다.

다만, 사교육에 허리가 휠 것 같은 부모 입장에서 '25%'는 잠깐이나마 위안이 되는 숫자다. 장난처럼 얘기하는 25%가 아이들에게 부모의 기대를 상기시키는 역할을 하기도 한다. 물론 지금 철없는 둘째가 밖에 나가 '엄마의 검은 속셈'을 광고하는 바람에 조금 창피해지기는 했지만 말이다.

두 아이를 키우는 엄마로서 나는 노후 준비에 가장 큰 걸림돌이 아이들 교육비라고 생각한다. 초등학교 6학년인 첫째에게는 학원비, 유치원에 다니는 둘째에게는 피아노, 태권도 등 예체능 과외비로 한 달 생활비의 절반이 나간다. 앞으로 해외 어학연수, 유학까지 시켜야 한다고 생각하면 머리가 지끈거린다. 물론 나는 자녀 교육이라면 물불 가리지 않는 열성 부모가 아닌데도 말이다.

문제는 여기에서 끝나는 것이 아니다. 학교를 졸업하고도 취직을 못하는 자녀에게 용돈을 대주고, 결혼 자금, 사업 자금까지 대주어야 부모 노릇 하는 것이라니 그저 막막하다. 가난한 부모에게 아이들은 사치품인 모양이다.

물론, 우리 아이를 1등으로 키워야 하는 건 아니다. 학원에 가지 않아도 많은 것을 배울 수 있다고 되뇌지만 솔직히 자신이 없다. 갈수록 공교육이 부실해지고, 다른 아이들이 하는 건 흉내라도 내야 하는 풍토에서 소신 있게 '사교육은 안 시키겠다' 고 할 수 없는 것이다. 이런 상황이니, 자신의 노후를 위해 저축한다는 것은 불가능하다.

그렇다고 자녀들에게 노후를 기대하는 것도 어렵게 됐다. 논 팔고 밭 팔아서 서울로 유학 보낸 자식들이 시골의 부모를 돌보지 않는 사례를 우리는 무수하게 보아왔다.

모든 것을 자녀에게 쏟고 난 부모들을 기다리는 것은 노년기 빈곤이다. 따라서 우리들은 자신의 노후 준비와 자녀 교육비 사이에서 합리적인 균형점을 찾아야 한다.

이와 관련해서 자녀에게 덜 투자하는 것이 항상 나쁜 것만은 아니라고 한다. 노벨경제학상을 받은 경제학자 베커 Gary S. Becker 는 그의 저서에서 다음과 같이 지적했다.

"자녀에 대한 투자는 수익률 체감의 법칙을 따른다."

수익률 체감의 법칙은 단위 생산요소를 투입하면 계속 수익이 올라가는데, 일정 지점을 지나면 수익률 증가율이 감소하기 시작한다는 것. 즉, 교육비를 많이 쓴다고 무조건 성적이 올라가지는 않는다는 것이다. 그는 오히려 "성과에 따라 보상을 하는 것이 오히려 자녀의 행동을 부모가 원하는 방향으로 유도할 수 있다."고 조언했다.

나는 큰아이에게 전 과목 과외를 시키는 대신, 참고서와 문제집을 사주었다. 그리고 약속을 했다.

"기말 시험에서 성적이 좋으면 갖고 싶어하는 신상 운동화를 사주겠다."

성적이 얼마나 향상될지 알 수 없지만, 아이는 게임을 하는 틈틈이 문제집도 풀고 있다.

그런데 과도한 교육비 투자가 가져오는 가장 나쁜 결과는 자녀와 진정한 유대감을 상실한다는 점이다. 교육비를 쏟아부은 만큼 부모는 자녀에게 공부를 강요한다. 부모가 바라는 것은 '뛰어난 성적'이며 이를 토대로 한 '고소득 직종'이다.

부모의 헌신으로 명문 대학을 나오고 전문직을 갖게 된 자녀가 가난한 부모를 거들떠보지 않는 것은 당연하다. 부모가 원했던 것은 자식의 성공이지, 부모에 대해 감사하고 보은하는 따뜻한 마음을 갖도록 가르치지 않았던 것이다.

이런 부모들은 "다른 건 못해도 된다, 공부 잘해서 출세하고 잘살아야 한다."라는 대사를 읊어대지 않았을까?

지위 지향적 부모 자녀 관계에서 아이들이 배운 것은 물질 만능주의다. 그 결과 부모에게 결혼 비용, 사업 자금까지 요구하고도 부모의 사랑을 이해하지 못하는 자녀들이 나오는 것이다. 오히려 서울로 유학을 보내지 못해 시골에서 농사짓는 다른 자녀들이 더 극진히 부모를 모신다는 이야기는 아주 흔한 이야기다.

경제학자 베커는 이런 얘기도 했다.

"자녀에 대한 투자는 이타적인 행위이지만, 이러한 이타적 행위가 자신의 복지에 위배된다는 점을 깨닫게 되면 자녀에 대한 투자를 줄이게 된다. 자녀의 장래를 위한 투자와 자신의 노후를 위한 준비 사이에 합리적 균형을 맞추려고 한다. 이는 가장 이타적인 부모에게 있어서도 당연한 행위다."

수명은 길어지고 활용할 수 있는 자원은 한정돼 있다면 자원을 양쪽의 복지를 고려해서 현명하게 배분해서 쓰는 지혜가 필요하다. 자식을 위해 모든 것을 희생하겠다는 자세보다 자신의 노후와 자녀에 대한 투자 사이에서 균형을 찾아야 할 것이다.

행복한 노년기를 위해서는 배우자에게
아내 또는 남편으로서의 역할만을 강요할 게 아니라,
서로의 꿈을 존중하고 이를 적극적으로 지지해주어야 한다.

Chapter 4

배우자와의 관계

나 홀로 보내는 노후,
행복은 없다

노년의 행복감은 배우자와의
원만한 관계에 비결이 있다

"요즘은 마누라 눈치를 많이 보게 돼. 나이 들어서 구박받지 않으려면 지금부터 잘 해야겠어."라고 얘기하는 남자들이 늘고 있다. 자신의 노년기에 절대적인 영향력을 행사할 사람이 배우자라는 사실을 깨달은 때문이다.

반대로 "젊어서부터 술주정에 집안일은 거들떠도 보지 않다니…… . 나이 들어서 복수하고 말 테야!"라고 독기를 품고 있는 아내들도 많다. 어느 쪽 이야기를 들어보더라도, 노년기에 부부의 역학 관계는 남편에서 아내 쪽으로 기울어진다는 것을 알 수 있다.

나이가 들수록 여성들은 독립적이며 능동적으로 변해간다. 인간관계를 중시하는 생활을 해왔기 때문에 주위에 자기편이 되어줄 사람들을 많이 만들어두었다. 반면 회사밖에 몰랐던 남편들은 정년퇴직과 함께 갑자기 무력한 존재가 돼버린다. 아내가 돌봐주지 않으면 자기 속옷이 어디에 있는지도 모르는 사람도 있다. 경제력 상실과 함께 가족이 가장을 바라보는 눈이 사뭇 달라졌음에도 불구하고 여전히 가족 위에 군림하려는 경우가 많다. 살림 간섭을 한다거나, 아내의 외출을 못마땅하게 여김으로써 노년기 갈등이 심해지는 경우가 많다. 심지어 정년 이후의 소외감, 분노 등을 아내에게 쏟아냄으로써 가정 폭력으로 치닫는 경우마저 있다.

물론 반대의 경우도 있다. 한평생 내조를 해준 아내에게 그동안 미루어두었던 애정 표현을 하는가 하면, 아내도 남편이 신분 변화에 잘 적응할 수 있도록 동창 모임 대신 남편과 외출을 자주 하는 식으로 배려를 하기도 한다.

그런데 내 주변을 둘러보면 금슬 좋은 노부부보다 그렇지 않은 경우를 더 많이 보게 된다. 아무래도 평생 부부 중심의 생활을 해본 적이 없기 때문일 것이다. 한국의 가족생활이 서양과 달리 부모-자녀 중심으로 이루어져왔기 때문에, 부부가 서로 대면하게 되는 기회가 드물었다. 그런데 노년기에 이르면 그동안 완충 역할을 해왔던 자녀들이 독립하고 부부만 남겨진다. 그제야 '평생 함께 살아왔던 타인'을 발견하게 되는 것이다.

그래서 인생 주기에서 보면, 빈 둥지에 남겨진 노부부가 함께 보내는 시기가 신혼기와 비슷하다고 한다. 신혼기는 서로 개성이 다른 두 사람이 티격태격하면서 적응하느라 어려움을 겪는 시기다. 노년기 부부 관계도 마찬가지다. 가정 또는 직장에서 서로 다른 생활을 해오다 보니 더 멀어져버린 경우도 많다.

그런데 노년기 부부 관계가 신혼기와 다른 점은, 신혼기는 애정으로 넘치지만, 노년기에는 살아오면서 실망하고 힘들었던 점이나 원망 등이 쌓여 부정적인 감정을 갖기 쉽다는 점이다. 그렇기 때문에 부부의 공동생활에서 일어나는 갈등, 불만 등은 가슴속에 차곡차곡 쌓아두지 말아야 한다.

나는 평소 '부부는 싸움을 많이 해야 한다.' 고 주장하는데, 물론 말로 하는 싸움을 말한다. 서로의 입장을 차근차근 풀어가다 보면 상대방을 이해하게 되고, 타협점도 찾을 수 있다. 평소 대화를 많이 하는 부부라면 노년 준비는 절반은 한 셈이다.

또 한 달에 한 번 정도는 데이트를 한다거나 일 년에 한 번 정도는 부부만의 여행을 가는 것도 바람직하다. 평소에는 자녀들 보살피느라 부부만의 시간을 갖기가 어렵다. 평균 수명이 길어질수록 배우자와의 관계가 더 중요해진다. 자녀가 독립해 집을 떠나기까지의 시간이 20~25년 정도라면 배우자와 함께 살아야 하는 시간은 훨씬 길다. 자녀에게 쏟는 애정의 절반이라도 배우자에게 표현해보자.

인생 80년 시대, 역할 파괴가 필요하다

"아니, 요즘 이 여사는 왜 운동 안 나와요?"

"그분 남편이 얼마 전에 은퇴하셨잖아요. 집에서 식사 시중하느라……."

"저런, 저희 집 남편도 은퇴가 얼마 남지 않았는데, 걱정되네요."

중년 여성이 모이는 헬스클럽에서 종종 듣게 되는 대화다.

은퇴라는 일은 당사자뿐 아니라. 가족, 특히 배우자의 삶까지 크게 흔들어놓는 사건이다.

회사와 결혼했던 남편들이 갑자기 집에서 맴돌면서 가사 일에 참견을 하거나 부인의 외출을 막는 등의 행동으로 부인들이 은퇴남편증후군을 호소할 정도란다.

남편이 집 밖을 나가면 '걱정덩어리', 함께 외출하면 '짐덩어리',

마주 앉아 있으면 '웬수덩어리' 라고 하기도 한다. 남편 얼굴만 봐도 가슴이 턱 막히는 증세로 고생하다가 결국 황혼이혼을 감행하는 일까지 일어난다.

물론, 남편 입장에서도 할 말이 많다. '더 이상 경제능력이 사라졌다고 짐 덩어리 취급하는 거냐?' 라며 섭섭해하거나, '집에 있으면 안 된다' 며, 비오는 날에도 등산화 신겨서 밖으로 쫓아내는 독한 아내를 규탄한다.

은퇴를 계기로 부부 사이에는 많은 균열이 생기게 된다. 황혼 이혼이 신혼기에 일어나는 이혼 건수보다 많다는 보도도 있다.

젊은 시절, 부부의 유대를 지탱해주는 것은 각자의 역할이었다. 남편은 회사에 나가 생활비를 벌어오는 것으로 자신의 존재를 인정받았으며, 아내는 자녀 양육, 가사 등을 통해 자신의 역할을 인정받고 부부관계를 유지했다. 하지만 기능적인 부부관계는 은퇴를 계기로 끝이 난다. 정년퇴직과 자녀의 독립으로 두 사람은 거의 동시에 역할을 잃어버리게 되었다. 역할로 유지되던 관계에서 진정한 애정과 이해로 유대감을 찾아야 하는 시기가 온 것이다. 남편이라고 반드시 밖에서 돈을 벌어 가져와야 하는 것은 아니며, 아내가 늘 집에서 남편과 아이의 시중을 들어야 하는 것도 아니다. 두 사람이 맞벌이를 하면서 가사 노동을 분담하는 젊은 부부가 늘어가고 있는데, 이는 가정 경제뿐 아니라 부부의 노후를 위해서도 바람직한 일이라고 생각한다.

나이 들어서 사이가 극도로 나빠진 부부를 살펴보면 지난 결혼 생활에 원인이 있음을 알 수 있다. 행복한 노년기를 위해서는 배우자에게 아내 또는 남편으로서의 역할만을 강요할 게 아니라, 서로의 꿈을 존중

하고 이를 실현할 수 있도록 적극적으로 도와주어야 한다. 물론, 부부 간의 역할 변화도 서서히 진행되는 것이 필요하다. 어떤 배우자는 전혀 변화할 준비가 되어 있지 않은 데 다른 한쪽이 지나치게 서두름으로써 오히려 협박당하는 느낌이 들 수도 있고 이로 인해 갈등이 증폭되기도 한다.

직장을 떠나 무용한 존재가 됐다고 생각하는 남편들은 가사 노동에 서 자신의 역할을 발견할 수 있다. 남자가 그런 일을 어떻게 라고 생각 하지 말고, 요리, 청소 등에 도전해보자.

그래서 아내가 외출할 때, '저녁은 맛있는 걸 차려놓을 테니, 들어 와서 먹어'라고 말해야 한다. 그동안 피부양자로만 살아왔던 아내라면 남편이 퇴직한 후 남편의 짐을 대신 짊어질 준비도 하고 있어야 한다. 중년 이후의 여성은 수동적이고 의존적인 상태에서 벗어나 씩씩해지 고 주도성을 획득하며 자신의 에너지를 바깥으로 돌리려는 경향이 있 다. 집안일은 남편에게 맡기고 자신의 에너지를 발휘하며 살 수 있는 기회를 잘 활용하도록 하자. 사실, 50대 이후의 남녀에게 일어나는 성 호르몬 분비의 변화는 부부간의 역할 변화에 적합하기도 하다.

나이 들면서 더욱 향기로운 열매를 맺을 수 있다면,
그 향기와 맛으로 사람들을 취하게 할 수 있다면,
정말 멋진 노년이 아닐까?

Chapter 5

사회 참여

비로소 사회에 기여할 수 있는
기회가 왔다

새로운 친구를 만들어라

　　사회복지관에 자주 얼굴을 내미는 P씨는 나름대로 성공한 삶을 살았다고 자부한다. 그는 자신의 인생 경험을 주위 사람들에게 들려주는 것이 커다란 낙이다. 아이를 데리고 있는 부인을 보면 자녀 교육 문제에 대해, 청소년을 만나면 담배의 폐해에 대해, 40대 중년을 만나면 건강관리에 대해 조언을 한다. 문제는 사람들이 그를 피한다는 점이다.

　　더욱 나쁜 것은 P씨가 다른 사람들의 이야기를 참을성 있게 듣지 못한다는 것이다. 상대방이 무슨 이야기를 하고 있건 상관없이 불쑥 자기 이야기를 끄집어낸다. 그 때문에 그가 속한 그룹 모임이 썰렁해지는 경우가 적지 않다.

　　그는 자기 말을 참을성 있게 들어주는 젊은 사람들은 좋아하지만 자기와 마찬가지로 말 많은 '노인네'들은 질색이다. 행여 이들이 상식에 어긋난 이야기를 할라치면 벌컥 화를 내며 "벌써 치매인가!"라고 면박을 주기 일쑤다.

은퇴를 하고 사회 활동의 폭이 줄어드는 노년기에 들어설수록 '친구'의 역할은 더욱 중요해진다. 60대 후반인 시어머니는 "친구가 영감보다, 자식들보다 좋다."고 하신다. 같은 마을에 살면서 30년 단짝으로 지내신 두 할머니는 비 오는 날이면 함께 부추전을 부쳐 먹고, 자식들 문제로 언짢으시면 두 분이 팔짱 끼고 이웃 마을로 나들이를 가신다. 우리 시아버지 역시 "남자는 자고로 친구가 많아야 한다."고 주장하신다. 그런데 최근 친구들의 부고가 들려올 때마다 의기소침해지는 것을 볼 수 있다.

나이 들어갈수록 내 친구의 안부를 살펴봐야 한다. 영국의 지성 새뮤얼 존슨Samuel Johnson은 "당신은 우정조차도 보수, 개선되지 않으면 안 된다는 것을 알아야 한다."고 말했다. 고향에 남아 있는 초등학교 친구, 다른 종류의 일을 하느라 거의 교류가 없었던 대학 친구, 직장 생활을 함께 시작했던 사회 친구들……. 이들은 모두 어디에 가 있는 것일까?

그는 또 "사람이 인생을 헤쳐나가는 동안 새로운 친구를 사귀지 못한다면 그는 얼마 지나지 않아 외톨이로 남겨질 것이다."라고 얘기했다. 오랜 친구와 계속 교류하는 것만큼, 새로운 친구를 사귀는 것이 중요하다는 것을 얘기한 것이다.

지식이나 기술도 계속 업그레이드해야 하는 것처럼, 사람도 되도록 새로운 사람을 많이 만나는 게 좋다. 늘 같은 사람만 만나다 보면

편협해지기 쉽다. 특히 직업이 전문화되고 고도화될수록 인간관계도 폭이 좁아지기 쉽다. 직업상의 필요한 사람만 만나다 보면 자기 주변만 아는 '속 좁은 사람'이 되어버린다. 이런 경우 정년퇴직했을 때 더욱 문제다.

종교적인 만남, 동호회를 통한 만남, 동창 모임 등을 통해 늘 새로운 사람을 만나며 자신의 생활에 생기를 잃지 말아야 할 것이다.

60대 여성 K씨는 딸 나이의 젊은 여성과 좋은 우정을 나누고 있다. 그녀는 직장에 다니는 딸 대신 손주를 유치원에 데려다주고 데려오는 일을 하다가 손주 친구의 엄마와 알게 된 것이다. 요즘 젊은 사람들의 교육 정보에 대해 듣고 딸에게는 하지 못했던 이야기를 하는 등 좋은 대화 상대라는 것을 알게 됐다.

K씨는 한 달에 한 번씩 그녀를 식사나 영화관에 초대하기도 한다. K씨는 "나이 든 사람이 옛날이야기로 젊은 사람들을 지겹게 해서는 안 돼. 요즘은 오히려 젊은 사람들에게서 배울 게 많거든. 식사 대접하는 것은 정보 수집 비용이라고 할 수 있지."라며 웃는다.

K씨는 요즘 세상에서는 나이 든 사람들의 지혜나 인생 경험보다 젊은 사람들의 문화가 더 큰 힘을 발휘한다는 것을 깨달은 경우다.

주위 사람들을 질리게 하는 행위

- 다른 사람들이 얘기하는 동안 자신의 이야기를 끄집어낸다.

- 젊은 사람들에게 언제나 조언을 하려고 한다.

- 새벽 6시에 눈을 뜬다. 그리고 다른 사람들도 이 시간이면 다들 깨어 있을 것이라고 생각해 대수롭지 않은 일로 전화를 건다.

- 드라마, 오늘의 주가, 날씨, 젊은 여성들의 옷차림에 대해 불평한다.

- 모든 사람들이 자기 의견에 동의하기를 바란다.

- 선물을 받으면 '왜 아까운 데 돈을 썼느냐.'며 나무란다.

- 식당에 가면 자기가 원하는 것을 시킨다.

《How not to become a Crotchety Old Man》 중에서

이름 석 자만 적힌
명함을 준비하라

"저희 아버지는 평생 교직원으로 평탄하게 살아오셨습니다. 큰돈을 모으지는 못하셨지만 이렇다 할 고난도 없었기 때문에 괜찮은 인생이었다고 생각했지요. 그런데 정년퇴직한 뒤 갑자기 의욕과 건강을 잃으시더니 2년이 채 지나지 않아 돌아가셨습니다. 그렇게 갑자기 가신 이유를 모르겠어요."

동네에서나 친척들 사이에서 '교장 선생님'이라고 불렸다는 그의 아버지는 퇴직 후 이 명칭에 상당히 마음을 썼다고 한다. "이미 정년퇴직했는데……."라고 말할 때는 표정이 무척 쓸쓸해 보이셨다고 한다. 명절이면 아버지가 재직하던 학교의 교직원, 학부모 대표들이 인사를 오곤 했었는데, 퇴직 후 손님 숫자가 갑자기 줄어든 데 상당한 충격을 받으셨다고 한다.

나는 그의 아버지가 '역할 상실'에 따른 충격에서 벗어나지 못해 건강을 잃은 것이 아닐까 추측해보았다.

누구나 퇴직을 한다. 영원히 현역일 수는 없다. 그런데 사회적 존재에서 자연인으로 돌아올 때의 과도기가 의외로 견디기 어렵다.

대기업의 이사로 정년퇴직을 한 Y씨는 한동안 사람 만나는 일을 기피했다고 한다. 사업상의 만남에서는 말할 것도 없고, 골프 연습장 심지어 단란주점에서도 명함을 교환하는 우리 사회 풍토에서 내놓을 명함이 없다는 것이 너무 견디기 어려웠던 것이다.

이런 경험은 Y씨만의 일은 아닐 것이다. 우리 사회는 '명함 사회'라고 해도 과언이 아니다. 이름으로 서로를 부르는 외국과 달리 ○ 부장, ○ 사장 등으로 서로를 부른다. '김 부장'을 '김 과장'으로 잘못 불렀다가는 자칫하면 계약을 취소당할 수도 있기 때문에 명함의 내용을 잘 기억해야 한다.

명함을 보고 상대방을 저울질하는 속성 때문에 한국 사람들은 조직을 만들고 자리 나눠먹기를 좋아하는지 모르겠다. 명함이 자신을 소개하는 유일한 수단이었기 때문인지, 퇴직으로 명함을 잃게 되는 순간 사람들은 움츠러드는 경향이 있다.

그런데 사람에게는 사회적인 역할만 있는 게 아니다. 직장에서의 역할, 가족 내에서의 역할 등을 모두 벗어버리고 나면 내면적인 자아가 남는다. 이 둘이 반드시 일치하는 것은 아니다. 그런데 성공한 사람일수록, 지위가 높은 사람일수록 자신의 지위에 내면적 자아를 일치시키는 경향이 있다. 회사에서 부하들이 깍듯이 인사를 하고, 명절이면 많은 선물을 받는 것은 자신의 인격이 훌륭하기 때문이라고 착각하는 것이다.

　이런 사람일수록 정년퇴직을 하거나 지위가 낮아질 때 더욱 초라해진다. 더 이상 비서가 자동차 문을 열어주지 않거나, 모든 사람들이 머리를 숙이지 않게 되면, 스스로에 대한 부정이 평범한 사람들보다 더 심해진다. 걸프전 영웅이며 미국 국무장관까지 지낸 콜린 파월은 "에고자아를 자신의 지위에서 멀리 두라. 그렇지 않으면 지위가 추락하면서 자신의 에고도 함께 추락해버릴 것이다."라고 말했다. 높은 지위에 오른 사람들이 갖기 쉬운 자아도취를 꿰뚫어 보았다는 점에서 그가 더 훌륭하게 느껴진다.

　그렇다면 명함이 사라지는 순간을 위해 어떤 준비를 하면 좋을까?

　지위와는 무관한 자신만의 성을 쌓아야 한다. 명함이 사라졌을 때 더욱 좌절하는 사람들은 사회적인 성공만을 위해 달리느라 내면적인 자아를 돌보지 못한 경우다.

　도대체 자신이 어떤 존재인지 모르는 사람들은 퇴직한 후 어디에서, 어떤 방식으로 자긍심과 자기 만족감을 얻는지를 알지 못한다. 조직에 오래 몸을 담았던 노인일수록 퇴직 후 감정이 퇴보되어 있고, 얼굴 표정이나 감정 표현이 발달되어 있지 않다. 당연히 화제도 부족하고 스스로 즐거움을 찾아내는 능력도 없다.

　이런 사람들은 먼저 '자기다움'을 찾아야 한다. 타인이 정한 가치가 아니라 스스로의 마음이 움직이는 감동을 느껴보아야 한다. 자기가 하고 싶은 대로 하면서 살아가는 것이 한 방법이다.

　젊은 시절에 성공을 추구하고 더 높은 지위를 탐내는 것은 당연하다. 성공을 위해 달음박질하는 것은 필요하다. 그러나 사회적 성공만이 전부는 아니다. 승진과 더 높은 연봉을 위해 노력하는 것과는 별개로, 자신의 자아를 돌보고 살찌워야 한다. 또 올라가는 일과 함께 내려오는 데에도 익숙해져야 한다. 기댈 언덕을 없애고 맨몸으로 사회와 부딪히는 연습을 해야 한다.

요즘은 회사 이외에도 취미 생활을 함께 하는 동호인 모임이나, 지역 봉사활동을 펼치는 지역 모임이 많이 활성화돼 있다. 이런 데 나가면 학벌이나 소속이 중요하지 않다. 간판이나 직책이 아니라 자연인으로서의 매력이 평가를 받는다. 모임의 분위기를 이끌어가는 능력이나 생활의 지혜, 타인에 대한 배려 등 그 사람 본래의 장점들이 주목받고 인정받는 것이다.

명함은 반드시 필요악만은 아니다. 잘 활용하면 쉽게 사람을 사귀고 자신의 개성을 드러내는 도구가 되기도 한다. 요즘 젊은 사람들은 이름 석 자만 가지고도 예쁘고 개성적인 명함을 만드는데, 이를 배울 필요가 있다.

정년퇴직한 사람들 가운데 좀 배짱이 있는 사람은 집의 프린터기를 이용해 '전 ○○물산 상무 아무개'라는 명함을 만들어 갖고 다닌다. 조금 연구하면 '자유기고가', '자연생태 연구가'라는 식의 색다른 명함도 만들 수 있을 것 같다. '북한산 지킴이'도 좋고 '실버문화 평론가'도 좋다. 주말에 동호인 모임에 나가거나 홀로 여행을 떠날 때는 이렇게 이름 석 자만 새긴 명함을 가지고 다니면서 맨몸으로 세상에 부딪혀보는 것도 좋은 연습이 될 것 같다.

자원봉사는 노후 행복통장

회계사 출신으로 중견회계법인 대표까지 지냈던 고영채 씨는 2년 전에 은퇴를 하고 지금은 전업 '화백' 생활을 하고 있다. 화폭을 채우는 화백이 아니라 '화려한 백수'다. 그동안 힘들게 달려왔기 때문에 지금의 백수 생활이 꿀맛이다. 골프, 등산, 여행도 좋지만 그가 소중하게 생각하는 일과는 '아름다운 서당'을 통해 대학생들을 만나는 일이다. '아름다운 서당'은 언론계와 경제계의 중견들이 은퇴한 후 자원봉사로 대학생들에게 인문학 강의를 하는 비영리법인이다. 그는 이곳에서 학생들을 대상으로 경영서를 강독하고 경제에 대한 현장 지식을 전달하고 있다.

그동안 한국 경제의 성장과 침체를 몸으로 겪으면서 배웠다. 은퇴를 했으니 더 이상 일 생각은 하지 않지만 그래도 30~40년간 쌓은 체험적 지식을 사장하는 것은 아까웠다고 한다. "우리 세대는 많이 누렸죠. 이에 비하면 지금 젊은 세대는 많은 것이 부족한 시대를 살아가야 됩니다. 이런 안쓰러움으로 내가 살면서 터득한 지혜와 현장경험을 전해주기 위해 시작한 것이 바로 자원봉사입니다."

2006년 시작돼 벌써 10년이 된 '아름다운 서당'에는 그 말고도 많은 자원봉사자들이 같은 생각으로 학생들을 가르치고 있다. '아름다운 서당'은 출발부터 은퇴자의 자원봉사로 시작됐다. 대우그룹 부사장으로 일하다 퇴직한 서재경 씨가 사재를 털어 2006년 전남대에서 취업능력함양아카데미로 출발했다. 지금은 서울영리더스아카데미YLA와 제주도휴먼리소시스아카데미를 주축으로 광주, 경기 등 전국에서 진행되고 있다. 교육은 매주 토요일 모여서 고전강독, 경제사 공부, 경영부문의 케이스스터디 등을 하는 것으로 이루어지는데, 1년에 120권의 인문서와 30~40권의 경제 서적을 읽어야 하는 강도 높은 프로그램이다. 기업들이 최근 입사 시험에서 인문학적 소양을 강조하는 풍토와 맞물려 '취업 준비에 도움이 될까' 하는 가벼운 마음으로 자원했던 학생들은 금방 포기할 정도로 빡빡하다. 하지만 대기업 임원, 금융기관 간부, 언론계 출신으로 이루어진 강사진의 생생한 현장 경험과 철저한 수업 준비, 학생들을 향한 헌신 등은 어디에서도 쉽게 접하기 힘든 교육이다.

자원봉사로 참여한 교수들은 교통비, 수업 준비 교재 비용을 모두 자비 부담하면서도 수업이 끝나면 학생들에게 술을 사고 밥을 사면서 학생들을 가르친다.

방학 때에는 캠프를 열어 집중 교육도 한다. 지난겨울에 열린 6박 7일의 동계 캠프에서만 해도《승자 독식 사회》, 피케티의《21세기 자본》,《백 년 동안의 고독》 등 14권의 책을 강독하고 5번의 케이스 스터디가 이루어졌다.

동계 캠프 동안 피케티의 《21세기 자본》을 강독했던 권홍우 씨는 강사진 가운데 유일한 현역으로 서울경제 논설위원으로 일하고 있다. 그는 "직장을 다니면서 학생들을 지도하려면 내 시간을 많이 희생해야 하지만 학생들을 통해 얻는 감동 때문에 봉사를 계속하게 된다."고 말했다. 캠프 기간에는 밤늦게 단합 술자리를 갖고도 이른 새벽에 일어나 발표 준비를 하는 학생들을 보고 정말 감동했다고 한다. 1년 동안 학생들이 인문학을 공부하면서 변해가는 모습을 보는 것도 큰 보람이다.

대학생이라 아르바이트도 해야 하고, 학점 관리도 해야 하는데 당장 취업과는 상관없어 보이는 인문학 공부를 하는 것을 보면, 은퇴자들도 자극을 받는다.

언론계에서 정년퇴직한 김인모 씨는 이번 캠프에서 《백 년 동안의 고독》을 강의했다. "여기에 오는 학생들은 스스로 이 공부를 하기 위해 찾아온 자원자입니다. 스스로 배우고 성장하겠다는 의지가 강하기 때문에 가르치면서 정말 보람을 느낍니다." 은퇴자들은 아무래도 느슨해서 시간 개념도 적고 열정도 식어가는 반면 열정이 넘치는 젊은 학생들을 보면서 스스로도 배운다는 그는 '교학상장' 이야말로 아름다운 서당을 통해 봉사하는 가장 큰 기쁨이라고 전한다. 벌써 10년째 이어지는 아름다운 서당은 은퇴자 자원봉사의 한 단계 업그레이드된 사례라고 할 수 있다.

예전에는 은퇴자들의 자원봉사를 얘기하면 청소나, 귀가 도우미 등 궂은일, 허드렛일이 대부분이었다. 이런 일들도 매우 중요하다. 상사

주재원으로 런던에서 근무한 경험이 있는 70대 자원봉사자 김경화 씨는 "경찰이나 공공 행정력이 눈에 띄지 않는데도 사회가 무난하게 돌아가는 것을 보고 궁금했는데 그 배경에는 바로 은퇴자들이 사람들이 기피하는 일들을 떠맡아 하는 봉사가 있었다. 이것을 보고 나도 은퇴하면 꼭 자원봉사를 하기로 마음먹었다."고 말한 적이 있다. 눈에 띄지 않아도 사회에서 필요로 하는 일들이 많다. 하지만 은퇴자들이 할 수 있는 자원봉사로 청소 봉사나 교통안전 봉사 등의 단순 봉사만을 떠올리는 것은 곤란하다.

　최근 은퇴하는 사람들의 교육 수준이 높아지고 경력도 화려한 경향이 있다. 이들이 갖고 있는 전문성과 남다른 경험을 활용할 수 있는 자원봉사도 있어야 할 것이다.

　한 조사에서 은퇴자들이 자원봉사를 하는 이유로 대부분이 성취감70.9%과 사회환원24.3%을 꼽았는데, 이처럼 자신의 지식과 경험을 다음 세대에 전달하고 자신을 더욱 발전시킬 수 있는 종류의 봉사도 필요한 것이다.

　자원봉사는 노년기 삶의 질을 높이는 데 결정적인 요소다. 자원봉사를 통해 퇴직이나 배우자 상실, 자녀의 독립 등 노년기 상실감을 극복할 수 있기 때문이다. 또 자원봉사를 하면서 새로운 사람도 만나고 새로운 기술도 습득하게 된다. 직장 대신 지역 사회에 소속될 수 있는 기회인 데다, 다른 사람을 돕는다는 만족감이 자아를 긍정적으로 이끌어간다. 새로운 역할을 수행함으로써 나태해지기 쉬운 일상생활에 신선한 자극을 주게 된다.

　내 주위에는 나이가 들면 어린이집이나 양로원 등을 방문하면서 자원봉사를 하겠다는 꿈을 가지고 있는 사람들이 많다. 이를 위해 미술학교에 다니거나 아코디언을 배우러 다닌다. 나중에 무료 공연을 하기 위해서다. 그리고 항상 어떻게 하면 사람들에게 즐거움을 줄 수 있을까 궁리한다고 한다.

또 어떤 사람은 정신적으로 어려운 사람들을 위해 조언을 해주는 것이 꿈이다. 육체적인 병 못지않게 정신적인 병도 심각하다고 생각하는 그는, 평소 많은 책을 읽으며 희망을 주는 말들을 메모한다. 최근 상담사 자격증까지 땄다고 한다. 이런 것들이야말로 노후 행복통장에 확실한 적금을 붓는 것이 아닐까 생각한다.

Tip

자원봉사를 도와주는 기관들

– 서울특별시 자원봉사센터 http://volunteer.seoul.go.kr
  서울시 25개 자치구별로 설치되어 있는 지역 자원봉사센터 및 전국의 시·도 자원봉사센터와 네트워크를 구축하고 있다.

– 한국자원봉사센터협회 http://www.kfvc.or.kr
  전국 시도 시·군·구에 설치된 248개의 센터들과 연계하여 자원봉사를 활성화시키고 있다. 전국자원봉사센터 주소록 및 프로그램 등을 알 수 있다.

– 한국자원봉사협의회 http://www.vkorea.or.kr

– 전국재해구호협회 http://relief.or.kr

– 사랑의 열매 http://www.chest.or.kr

주름살을 사랑하라

    홍대 근처에 재즈를 들으러 갔다. '문글로우'라는 이름의 재즈바에서 수요일마다 아주 무르익은 재즈 연주를 들을 수 있다는 입소문에 이끌렸다.

    재즈의 매력이라고 할 수 있는 스윙과 즉흥 연주의 흥에 흠뻑 빠져들게 하는 이들은 외국에서 새로운 기법을 공부하고 돌아온 신예이거나, 요즘 한창 텔레비전에 등장하는 인기 절정의 연주자들이 아니다. 가장 나이 어린 사람이 60대의 신광웅 피아노 씨. 드럼, 트럼펫, 트롬본을 쥐고 있는 사람은 모두 60, 70대 꽃할배들이다. 이들은 우리나라에 재즈라는 음악이 들어왔을 때 가장 먼저 반응했던 음악의 '양아치'들인 셈이다.

    노인들이 연주하는 재즈 연주라니! 노인네들의 회고 연주에 마지못해 자리를 메운 관객들이 서로 예의를 차리는 모습이나, 연주자들이 과장된 몸짓으로 떨어지는 실력을 덮어보려고 안간힘을 쓰는 예의 장면들을 미리 상상해서는 안 된다. 오히려 이곳은 지금 연주되는 곡 이름을 몰라도, 재즈의 규칙을 몰라도 그냥 마음으로 흐드러지는 음악을 감상할 수 있는, 바로 음악이 주는 즐거움에 도취할 수 있는 곳이다.

진정한 재즈 음악은 '나이와 함께 오는 것'이라고 이들의 연주가 말해주는 것 같았다. 재즈바 이름인 '문글로우'는 반달이 보름달이 되기까지 매일 조금씩 부풀어오르는 모습을 가리키는 것이다. 보름달이 되기까지 음악도, 인생도 시간이 흐를수록 점점 발전해가는 것이란 확신까지 얻을 수 있다.

무대 위 은발의 연주자들은 연주와 함께 관객들의 흥을 끌어내기 위해 다양한 묘기를 부린다. 나이가 들었음에도 관객들을 웃기려는 엔터테이너적 매너를 보면, 이 사람들이야말로 영원한 현역이 아닌가 하는 생각도 들었다.

문글로우에서 음악을 들으면서 영화 〈부에나비스타 소셜 클럽〉이 떠올랐다. '부에나비스타 소셜 클럽'은 쿠바의 재즈 연주가들이 연주를 하던 장소인데, 수십 년이 지난 뒤 영화감독 빔 벤더스가 이들을 다시 모아 1998년에 영화로 제작했다.

그런데 이 클럽의 연주가들이야말로 바로 세계 최고령 재즈 연주가들이다. 기타와 보컬을 맡은 콤파이 세군도라는 사람은 1907년생. 당시 91세였던 그는 클럽의 최연장자이면서 정신적 지주였다. 또 피아노를 치는 루벤 곤살레스는 1919년생. 그는 관절염을 앓고 있었는데, 2001년 한국에 공연을 왔을 때 피아노까지 혼자서 걸어갈 수가 없어

스태프들의 부축을 받아야 했다. 하지만 일단 피아노에 앉는 순간부터 신들린 듯한 연주를 보여 팬들로부터 뜨거운 박수를 받았다.

이 연주가들이 쿠바의 경제적인 형편 때문에 음악 활동을 하는 데 많은 어려움을 겪었다는 것도 이야깃거리다. 그는 집에 피아노가 없어 한때 연주 활동을 포기했었다.

보컬이며 유일한 여성 멤버인 오마라 포르투온도는 1930년생으로 쿠바의 에디트 피아프로 불렸다. 또 이브라임 페레르는 1927년생. 기타를 친 엘리아데스 오초아는 1946년생이었다.

물론 이 그룹에 노인들만 있는 것은 아니었다. 이 클럽의 특징은 멤버들의 나이 차가 엄청나다는 것이다. 90대인 콤파이 세군도도 있었던가 하면, 10대 단원들도 있다. 쿠바 음악의 특징 가운데 하나는 다양한 악기가 등장한다는 점인데, 악기는 물론 멤버들의 나이가 다양해 이들의 음악 또한 세대를 뛰어넘는 조화가 특징이다. 젊은 단원들의 파워와 노장들의 포용과 연륜이 어우러지면서 이 클럽의 음악은 폭넓은 감상의 묘미를 보여주는 것이다.

이들이 1997년에 만든 앨범은 빌보드 차트 15위까지 올랐고, 전 세계적으로 300만 장이 넘게 팔렸다고 한다.

그런데 비디오로 나온 〈부에나비스타 소셜 클럽〉을 보면서 궁금증이 생겼다. 노인들이 연주를 할 때 어려움은 없을까? 테크닉이 떨어지지는 않을까? 관악기의 경우는 호흡 조절이 어려울 텐데? 타악기는 힘이 필요한데 관절염을 앓는 노인네들이 해낼 수 있을까?

확실히 순발력과 힘이라는 점에서는 젊은 연주자가 앞설지 모른다. 하지만 이들의 연주에서는 젊은 사람들로부터 맛볼 수 없는 깊은 맛을 느낄 수 있다. 관객들을 의식해 자기 기량을 선보이는 데 급급한 젊은 연주자들과는 달리, 이들은 진정으로 자신이 사랑하는 음악에 도취되어 있다.

또 거장들의 연주에는 여유가 있다. 흔히 연주자들은 한 마디 안에 8개를 푸는 것보다 4개를 푸는 것이 더 어렵다는 말을 한다. 젊은 연주자들은 한꺼번에 더 많은 것을 보여주어야 한다는 강박관념에 쉴 새 없이 드럼을 두드리고, 트럼펫을 분다. 그런데 이렇게 한 곡을 연주하는 데 너무 많은 것을 쏟아부으면 오히려 지저분해지고 만다. 오히려 쉼표를 잘 찾아 쉬고, 꼭 필요한 음을 내는 것이 리듬감을 더 살릴 수 있으며, 그러한 음악이 정말 좋은 음악이다. 이런 경지에 오른 연주자들이 바로 거장인 것이다. "기다릴 줄 알아야 대가가 된다."는 말도 있는 것처럼 재즈의 참맛은 나이와 함께 오는 것이 아닐까?

한때 와인 마시는 유행에 편승해 와인 스쿨에 다닌 적이 있다. 이왕이면 제대로 알고 마시자는 생각에서였다. 라벨 읽는 법, 아로마와 부케의 차이, 포도 품종에 따른 맛의 차이 등 모르던 것을 알게 되는 즐거움도 있지만 수업 시간에 와인을 음미하는 즐거움이 대단했다. 그때 강사로부터 들은 이야기가 무척 인상적이었다.

와인을 만드는 데 재료가 되는 포도나무에도 열매를 맺는 수명이 있다. 또 연수에 따라 늙은 포도나무와 젊은 포도나무가 있다. 그런데 같은 포도원에서 늙은 포도나무와 젊은 포도나무를 나란히 놓고 관찰해보면 재미있는 현상을 발견하게 된다. 젊은 포도나무는 생명력이 왕성해 가지가 휠 정도로 열매를 주렁주렁 많이 맺는다. 젊음의 힘은 주체할 수 없는 생식력인 것이다.

반대로 늙은 포도나무는 포도송이를 조금밖에 맺지 못한다. 그런데 좋은 와인을 만드는 포도는 젊은 포도나무가 아니라 늙은 포도나무에서 구한다고 한다. 젊은 포도나무는 열매는 많이 맺지만 그 열매의 당도나 깊은 맛이 부족하고, 늙은 포도나무는 열매는 적게 맺지만 열매가 아주 달고 맛도 풍부하다는 것이다.

나보다 어린 사람들이 간혹 "늙는 것이 정말 싫어요."라고 얘기하는 것을 본다. 나는 이 의견에 반대다. 나이가 들어가면서 내 인생이 더 풍부하고 더 견고해졌다고 여기기 때문이다. 20대의 방황, 미래에 대한 불안감을 생각하면 젊은 시절로 절대 돌아가고 싶지 않다. 20대보다 30대가 한결 나았고, 40대에 들어서면서 더욱 안정감을 느꼈다. 50대에는 지식과 경험도 더 풍부해질 것이며, 다른 사람들을 위해 더 많은 일을 할 수 있을 것 같다.

나이 들면서 더욱 향기로운 열매를 맺을 수 있다면, 그 향기와 맛으로 주변의 사람들을 취하게 할 수 있다면, 정말 멋진 노년이 아닐까?

제3의 인생에서는 즐거움을 찾는 것이 가장 중요하다.
즐거우면서도 자기 자신을 찾을 수 있는
유익한 활동이 바로 취미생활이다.

Chapter 6

취미생활

당신에게 주어진
10만 시간은 축복이다

7만 시간의 공포 대신
10만 시간의 기대

일본 노인들 가운데 파친코로 거액을 날리는 경우가 잦다는 뉴스를 본 적이 있다. 노인들 가운데는 거액의 돈을 잃고도 다시 파친코 가게를 찾을 정도로 심각한 '파친코 중독증' 환자도 많다고 한다. 원래 파친코나 게임, 도박에는 중독성이 있다고 하는데, 노인들은 이 중독 현상이 더 심각하다고 알려졌다. 나이가 들수록 '적당히 털고 일어날 수 있는 자제심'이 약해지기 때문일까?

그런데 이런 환자들은 대부분 혼자 생활하는 노인들이 많다고 한다. 평소의 생활에서 아무런 재미도, 자극도 느끼지 못하는 독거노인들이 파친코를 하면서 말할 수 없는 흥분을 느끼기 때문이란다. 반짝반짝 거리면서 '어서오세요', '동전을 넣어주세요'라고 다정하게 말을 걸어주거나, 때로는 촤르르 동전 소리를 쏟아내는 파친코 기계가 그야말로 애인보다 더 사랑스럽다. 이겼을 때의 흥분, 졌을 때의 패배감, 이렇듯 다양한 감정과 흥분이 교차하는 동안 자신의 전부를 내던져도 아깝지 않을 '사랑스러운 애인'과 마주하고 있는 느낌을 받는다.

파친코 가게에 출입하는 한 노인은 파친코를 하면서 비로소 자신이 아직 살아 있다는 느낌을 갖게 됐다고 얘기했다. 혼자 살면서 생각하고 고민하는 일이 거의 없던 노인에게 파친코는 정말 강한 자극제다. 하지만 파친고 가게에서 보내는 시간이 늘어나고 빚도 따라서 늘어나게 되니 보통 일이 아니다. 앞에서 살아 있는 기분을 느꼈다고 얘기했던 그 노인은, 정신을 차렸을 때는 2천만 원 이상의 빚을 지고 있었다고 한다.

그런데 이러한 일본 노인들의 게임 의존증에 대해 사회심리학자들은 고독감, 역할 상실 때문에 비롯되는 현상이라고 진단한다. 노년기에 접어들어 갑자기 역할을 상실하고 시간을 주체하지 못하게 된 탓이다.

사람이 정년퇴직한 후 주어지는 자유 시간이 모두 10만 시간이라고 한다. 60세에 은퇴한다고 했을 때 하루 여가시간 8시간으로 40년을 지낸다면 11만 시간이 넘는 시간이 자신에게 주어지는 것이다. 그 많은 시간을 즐겁게 몰입해서 할 일이 없다면 얼마나 괴로울 것인가?

2005년만 해도 나는 은퇴 후를 '7만 시간의 공포'라고 이름 붙였다. 그때만 해도 평균 수명 80세 시대여서 은퇴 후 여가시간이 7만 시간이었다. 그런데 지난 10년 동안 실제 평균 수명은 3년 가까이 늘어났고, 건강 수명이 증가하면서 사람들의 마음속에 이미 100세 시대가 자리 잡게 된 것이다. 그래서 10년 만에 7만 시간의 여가시간이 10만 시간으로 늘어난 것이다. 또 다른 변화라면 10년 전에는 여가시간을 어떻게 활용하지 몰라서 7만 시간의 공포였는데 이제는 스스로 즐거움을 구하는 능력이 증가하면서 10만 시간이 기대로 바뀌고 있다는 점이다.

그렇다면 10만 시간을 어떻게 채워갈 것인가?

물론 정년퇴직 이후에도 계속 일을 하거나 다시 학교로 돌아갈 수도 있다. 그러나 역시 남은 시간은 즐거움을 위한 활동이 중심이 될 것이다. 인생의 처음 20년은 살아가는 기술을 터득하는 시간, 밥벌이를 할 수 있도록 교육받는 시간이라면, 다음 30~40년은 자녀를 낳아 기르고 가족을 부양하느라 정신없이 보내는 시간이다. 학습과 일이 제1, 제2의 인생의 목적이었다면 제3의 인생에서는 즐거움을 찾는 일을 우선시할 수밖에 없다. 시간 가는 것을 잊게 할 정도로 즐거우면서 자기 자신을 찾을 수 있는 유익한 활동이 바로 취미생활이다.

외교관으로 정년퇴직을 한 K씨는 시간만 나면 캔버스 앞에 앉는다. 5년 전 아내와 사별한 그가 붓을 쥐게 된 것은 3년 전부터다. 젊은 시절부터 하던 요가를 꾸준히 하고 친구들과 등산도 하지만, 역시 집에 혼자 있는 시간이 공허하기 짝이 없었다. 젊었을 때부터 그림에 소질이 있다는 얘기를 들어왔고, 외국에 근무할 때면 주말마다 현지의 미술관을 순례하던 그였기 때문에 그림을 그려보자는 생각이 전혀 엉뚱하지는 않았다.

동네 미술 학원에서 데생부터 지도를 받기 시작했다. 처음에는 입시 준비를 하는 고등학생 사이에서 젊은 선생의 지시를 받는 것이 여간 어색하지 않았지만, 그림에 빠져들면서 나이를 잊어버렸다. 다음은 초상화 전문 학원을 찾아갔다. 5년 전에 떠난 아내의 얼굴을 한번 그려보고 싶다는 생각이 들어서였다. 내친김에 옛날 사진을 꺼내 친구들의 얼굴을 초상화로 그리기 시작했다. 그림이 제법 볼만하다는 생각이 들자, 그 그림을 포장해 친구에게 보냈다. 이를 계기로 오랫동안 연락이 끊겼던 친구들과 다시 만나게 됐다.

네 명의 자녀들이 모두 외국으로 나가고 혼자 생활하는 H씨. 그의 일과는 〈배비장전〉이나 〈숙영낭자전〉 등 한국의 고전을 일어로 번역하는 일이 주가 된다. 번역한 한국 고전은 일본의 노인 클럽 홈페이지에 띄운다. '백두산'이란 아이디로 활동하는데, 이제는 그 사이트에 자신의 방이 따로 만들어졌고 일본 할머니 팬들도 많이 생겼다고 한다. 그래서 요즘은 저녁이면 한 시간씩 그 할머니들과 채팅도 하게 됐다. H씨 역시 혼자 생활하는 데 전혀 외로움을 느끼지 않는다.

사실 취미를 가지면 좋은 것은 '시간을 지루하지 않게 보낼 수 있다'는 차원만은 아니다. 최근 의학 연구를 통해서 음악이나 카드놀이, 퍼즐 맞추기 등 두뇌를 쓰는 레저 활동이 뇌의 노화를 막는 데 큰 역할을 한다는 사실이 알려지고 있다. 과거에는 뇌세포는 태어날 때 생성된 것을 평생 사용하며, 나이 들면서 뇌세포가 죽는다고 알려졌다. 그런데 최근 뇌세포도 재생이 된다는 사실이 밝혀졌다.

미국 존스홉킨스 대학의 마인드 브레인 연구소 초대소장인 가이 맥칸Guy Mckhann은 자신의 책 《젊은 뇌를 지녀라》에서 "취미생활을 하면 평소 사용하지 않았던 뇌의 신경세포를 자극하게 되고 뇌의 회로를 더욱 긴밀하게 한다."고 설명했다. 연구에 따르면 가벼운 정신 활동만으로도 6~7년 정도 지능의 노화를 더디게 할 수 있다고 한다. 이러한 연구를 토대로 취미활동이 치매 방지에 좋다는 조언도 나오고 있다. 어떤 연구에서는 중년기부터 취미생활을 즐겼던 사람들이 알츠하이머병에 걸리는 비율이 낮았다고 보고했다.

　그런데 나이가 들어서 취미생활을 즐긴다는 게 생각처럼 쉽지는 않다. 취미를 즐길 수 있는 정도의 수준에 이르려면 상당한 시간과 노력, 그리고 어느 정도의 돈이 필요하기 때문이다. 그러므로 노년기에 취미를 즐기려면 젊었을 때부터 시간과 노력을 투자해야 한다.

　그런데 일에 쫓겨 무취한 생활을 보낸 사람이라면 나이가 들어 취미생활을 갖는 게 무척 어려운 일이다. 그리고 주목해야 할 것이, 취미생활은 이제 꼭 노년을 위한 것만은 아니다. 한국에서도 주5일 근무가 확산되면서 길어진 주말을 주체하지 못하는 사람들이 많다. 취미생활의 필요성을 깨닫고 등산, 낚시 동호회에 가입하거나 악기를 배우려고 애쓰는 사람들이 늘어나고 있다.

　이는 참으로 바람직한 현상인 것 같다. 아직도 주말이면 텔레비전 앞에서 뒹굴거나, 빨리 월요일이 오기를 손꼽아 기다리거나, 심지어 주말에 사무실에 나가는 사람이라면 자신의 미래를 위해 빨리 취미생활을 시작하는 것이 좋다.

　음악 감상도 좋고, 사진도 좋다. 악기 연주만 해도 요즘은 오카리나, 우쿨렐레, 대금 등 종류도 매우 다양해졌다. 외국의 노인들 사이에 유행하는 취미 활동으로는 원예, 사교댄스, 도예 등이 있다.

　정원을 가꾸는 일은 흙과 식물, 햇빛을 몸으로 접하는 활동으로 건강에도 좋을 뿐 아니라 정신적 안정에도 크게 도움이 된다. 정원에서 가꾼 방울토마토, 오이 등을 이웃과 나누어 먹는 즐거움도 쏠쏠하다. 도예도 흙을 만지는 일로 노인들에게 적합한 취미활동 가운데 하나다. 자신이 빚은 도자기를 식기로 사용하는 경우도 보았는데, 이러한 풍류

는 인생을 무덤덤하게 살아온 사람들에게는 쉽게 도달하기 어려운 멋
이다.

일본의 경우 와인이나 그릇, 공연, 꽃꽂이 등의 생활 문화가 상당
한 경지에 도달해 있다. 형태에 집착하는 일본의 장인정신이 바탕이
됐기 때문이겠지만, 한편으로 여유를 지닌 노인 인구가 늘어났기 때문
이기도 하다. 취미는 노년기 삶의 질을 향상시키는 데 빼놓을 수 없는
요소다.

취미생활을 위한 7계명

취미는 한가롭고 편안하게 시간을 보내는 방법이라고? 꼭 그렇지 만은 않다. 취미생활을 하기 위해 위험과 고생을 무릅써야 하는 경우도 있으며, 내키지 않은 것을 억지로 해야 하는 경우도 많다. 자기에게 맞 는 취미 한 가지를 습득하기 위해서는 많은 시간과 노력이 필요하다는 말이다. 취미라고 하면 요트, 스키, 댄스 등의 동적인 것에서부터 악기 연주, 공예, 감상, 수집 등의 정적인 것에 이르기까지 종류는 무궁무진 하지만, 어느 것이나 익숙해지는 데는 공통적인 단계를 거쳐야 한다.

먼저 관심을 갖고 시도를 해보는 단계. 여기에서 흥미가 생기면 본 격적으로 레슨을 받는다든지 필요한 장비를 구입하는 등의 행동 단계 에 들어간다. 그런데 대부분의 사람들에게는 이렇게 시작한 일이 오래 가지 못한다. '밥벌이도 안 되는 일에 지나치게 시간과 돈을 쏟을 수 없는' 현실적 이유, 또는 '이 정도면 됐다' 는 만족감, 또는 더 높은 단계로 나아가지 못했을 때 느끼는 권태감이나 싫증 때문에 취미생활을 접게 된다.

그런데 취미생활을 적당히 흉내 내는 데서 그치는 것이 아니라, 진정한 즐거움을 느끼기 위해서는 반드시 '집중과 몰입' 의 단계가 필요하다. 기예를 닦는 취미라면 반복 훈련, 창작을 하는 취미라면 감수성과 창의성을 개발할 수 있는 정신적 체험이 필요하다. 이러한 단계를 거친 뒤에야 비로소 취미가 자신을 차별화할 수 있는 표현 수단이 되는 것이다. 취미생활을 통해 충족감을 느끼고 남들에게 인정받을 때가 '통달' 의 단계다.

여가를 이용한 취미마저도 진지하게 임할 때 진정한 즐거움을 얻을 수 있다. 이렇게 취미가 생활화된 사람에게는 심심하다거나 권태롭다는 마음이 스며들 틈이 없다.

다음은 취미생활을 위한 7계명이다.

첫째, 자신에게 맞는 취미를 찾아라

평소 책상 앞에서만 지내는 직업을 갖고 있다면 여행의 기회가 많은 사진이나 스포츠 등 동적인 취미를, 두뇌를 많이 쓰거나 스트레스가 많은 직업이라면 자연과 호흡할 수 있는 원예나 도예 등이 좋다. 취미는 자신의 잘못된 생활습관을 교정하는 기회가 될 수도 있기 때문이다. 그러나 어떤 경우라도 자신이 좋아하는 것을 취미로 삼아야 한다. 자신의 관심사 또는 목적과 맞아떨어지는 취미라면 발전의 속도는 더 빠를 수 있다.

둘째, 시간 핑계를 대지 마라

먹고사는 일에 바쁜 나머지 취미생활을 '호사'로 치부하는 사람들이 있다. 하지만 지금 취미생활을 위해 시간을 내는 것은 정신적으로 풍족한 노년을 위한 투자다. 가끔 취미생활을 통해 경지에 오른 사람들을 만나보면 큰 충격을 받게 되는데, 이들 역시 먹고사는 일이 바쁘지 않았을 리 없다. 생계와 무관한 관심을 위해 노력하는 일은 삶을 질적으로 높이는 일임을 기억하자.

셋째, 궁리하라

새로운 기술을 익히기 위해 부단히 연습하고 시도하다 보면 뜻밖의 성과를 얻을 수도 있다. 일본의 자연생태 사진작가인 사토시 구리바야시는 곤충의 세계를 찍기 위해 궁리하다가 근접촬영술과 적외선 센서를 부착한 고속접사촬영기계를 발명했다고 한다. 취미로 출발한 일이 인생의 새로운 경지를 열어줄 수도 있다.

넷째, 행동하라

도자기를 좋아하는 사람은 많지만 그다음 단계로 발전할 수 있느냐는 행동의 유무에 달려 있다. 관련 전문 잡지를 구독하거나 동호회에 가입하는 등의 행동이 필요하다. 역사에 관심이 있는 사람이라면 지방 도서관을 방문해 향토사 자료를 뒤적이고 현지답사를 하면서, 자신이 갖고 있는 흥미에 깊이와 넓이를 더해가야 한다. 만들고 체험하고 찾아가는 적극적인 행동만이 취미생활을 발전시킬 수 있다.

다섯째, 감상하라

자기가 하는 작업을 향상시키기 위해서 그 분야의 거장이 만든 작품이나 작업 과정을 보는 것은 필수다. 창작은 모방에서 시작된다. 좋은 작품을 보면서 안목까지 덤으로 얻게 된다.

여섯째, 도전하라

자신의 취미 활동을 객관적으로 평가받을 수 있는 기회를 적극 활용하라. 아마추어들의 작업을 격려하기 위한 공모전이나 작품 모집 공고들이 의외로 많다. 여행 잡지에서는 여행기를 모집하고, 신문이나 잡지 등 다양한 매체에서는 아마추어들의 사진 작품을 채용한다. 인정받았을 때의 만족감은 다음 도전을 위한 에너지가 된다.

일곱째, 취미의 폭을 넓혀라

한 가지 취미에서 어느 정도의 경지에 올랐다고 생각되면 인접 영역으로 관심의 폭을 넓혀보는 것도 필요하다. 노년의 시간은 길기 때문에 다양한 취미를 가져 이에 대비하는 것이 좋다. 40대에는 3가지, 50대 이후에는 5가지 이상을 자기 취미로 꼽을 수 있어야 한다.

당연한 이야기지만 죽음을 인식하는 사람만이
용서와 나눔, 봉사와 사랑을 실천할 수 있다.

Chapter 7

죽음 준비

행복한 이별을 준비하라

기승전전의 인생을 살아라

나는 가끔 엉뚱한 상상을 한다. 내가 죽은 뒤 사람들이 어떤 반응을 보일까? 내 장례식에는 얼마나 많은 사람들이 찾아올까? 이들은 나의 영정사진 앞에 꽃을 놓으며 어떤 생각을 할까? "정말 훌륭한 삶을 살았어, 나는 이 사람에게 도움을 받은 적이 있지."라고 안타까워할 것인가? 아니면 예의상 마지못해 참석해 가족들에게 의례적인 인사를 건네고 시계를 들여다보며 바쁘게 장례식장을 떠날 것인가?

이런 상상을 하면 갑자기 적당히 살아온 내 인생을 뒤집고 싶다는 생각이 든다.

미국의 한 코미디언이 "인생은 정상에 오른 기억도 없는데 어느새 내리막길을 가는 것"이라는 농담을 한 적이 있다. 그의 말처럼 인생 후반기는 내리막길이다. 대부분의 사람들은 그 정점을 40세 전후로 생각한다. 40세 이후가 내리막길인지 아닌지는 모르겠지만, 그 길의 끝에 '죽음'이 있다는 것만은 확실하다. 어느 누구도 영원히 살 수는 없다. 생명이란 죽음을 대가로 하는 것이며, 삶과 죽음은 별개의 것이 아니다. 죽음이 있기 때문에 삶이 더욱 가치 있는지도 모르겠다.

젊은 사람이 끊임없이 죽음을 생각하는 것은 병적인 일이겠지만, 가끔은 죽음을 의식하는 것이 필요하다. 죽음을 생각한다는 것은 삶의 '중간 점검'이며, 삶을 충실히 이끌어가는 원동력이 되기 때문이다. 중국 속담에 '더러운 데 쓰는 약은 물과 비누이고, 잘 죽는 데 드는 약은 잘사는 것이다.'란 말이 있다. 어떻게 잘 죽을 것인가의 대답은 바로 '어떻게 잘살 것인가'로 귀착된다.

잘 늙는 데에 준비가 필요하듯이 죽음에도 준비가 필요하다.

보통 죽음 준비라고 하면 노인들이 하는 일이라고 생각하기 쉽지만 죽음 준비는 젊었을 때 해야 한다. 나이가 들어 죽음에 가까워질수록 두려움 때문에 죽음에 대해 차분하게 생각할 수 없기 때문이다. '개똥밭에 굴러도 이승이 좋다.'는 속담도 있을 정도로 노인이 되면 죽음을 두려워하며 거부한다. 따라서 담담한 마음으로 자신의 주변을 정리하는 것이 쉽지 않다. 반면에 젊은이에게는 죽음에 대한 명상이 오히려 삶에 대한 적극성을 이끌어내는 계기가 된다.

죽음 준비라고 해서 장지를 고른다거나 장례 절차를 의논하는 등의 구체적인 준비를 의미하는 것은 아니다. 여기에서 얘기하는 죽음 준비란 불치병에 걸렸거나 뇌사 상태가 됐을 때의 치료 방법, 장기 기증, 자신이 죽고 난 뒤의 가족들의 생활 등 죽음을 맞는 자세를 말한다. '인간으로서 존엄한 죽음'에 대해 생각하고, 이를 주위에 당부한다든지 장기 기증 서약을 하는 것이야말로 젊은 사람들이 해야 할 일이다.

이렇게 죽음에 대해 계획하고 유언장을 쓴 뒤에, 많은 사람들이 삶을 제대로 살기 시작한다고 한다. 즉, 삶을 긍정적으로 바라보고, 사랑하는 사람들과 더 많은 시간을 보내며, 삶의 속도를 늦추고 미루기만하던 일에 착수하게 됐다고 한다.

이처럼 죽음을 준비하는 것은 인생을 축소, 정리하는 것이 아니다. 죽음을 맞을 준비가 됐다면 이제는 죽음이 바로 코앞에 닥칠 때까지 이를 생각하지 않고 열심히 살아가는 것이 바람직하다. 마지막 시간이 올 때까지 '충실하게 살아가는 것'이 마땅하다. 무대 위에 오른 배우가 '언제 막이 내리나?' 시간을 재기 시작하면 그것은 실패한 공연이다. 연기에 취해 시간 가는 줄을 잊고 있다가, 어느새 막이 내리는 것을 알 정도로 몰두해야 한다.

죽음을 인생의 마무리라고 한다면, 기승전결起承轉結의 인생을 살지 말고, 기승전전起承轉轉의 인생을 살자!

당신의 죽음을 인식하라

"혹시, 여기 계신 분 가운데 죽음이 두렵지 않으신 분 손 좀 들어보세요!"

어느 노인 종합복지관에서 열린 죽음 준비 강좌. 강사의 질문에 자리를 지키던 노인들은 슬며시 눈을 돌린다. 교실 뒤편에서는 투덜이 김 노인이 "안 그래도 듣기 싫은 걸 억지로 데려다 앉혀놓더니, 별 쓸데없는 걸 물어댄다……"고 중얼거린다.

"에이, 죽음이 안 무서운 사람이 어딨어!" 앞줄의 박 노인이 침묵이 어색했던지 얼른 입을 연다. "왜 무서운가요?" "글쎄, 지은 죄가 많아서 그런가……." 그는 말끝을 흐린다.

'지은 죄가 많아 죽음이 두렵다.'는 말은 너무나 솔직한 표현이다. 밥 한 그릇 더 먹기 위해 남을 속인 일, 매를 피하기 위해 다른 사람을 고자질한 죄, 욕망 때문에 거짓말한 죄 등 솔직히 일일이 헤아리기도 어렵다. 도덕보다 생존이 더 중요했던 시절을 살아왔던 때문인지, 정글의 법칙이 지배하는 한국 사회 때문인지, 우리의 머릿속에는 선행을 했던 기억보다 악행을 저질렀던 기억이 더 많이 남아 있다. 그리고 나쁜 일을 많이 했다는 기억은 죽음을 더욱 두려운 것으로 만든다.

죽음의 두려움을 극복하기 위해 많은 사람들이 기대는 것이 바로 종교다. 부활사상이 됐건, 윤회사상이 됐건 종교는 죽음 후 세계에 대한 이미지를 그리게 하며, '천국' 또는 '내세'라는 이름으로 죽음 이후의 세계에 대한 희망을 갖게 한다. 이런 점에서 나는 어떤 종류이건 신앙심은 필요하며, 죽음을 앞둔 사람일수록 절대자와의 만남이 꼭 필요하다고 생각한다.

나는 불교 신자는 아니지만, 불교에서 말하는 '윤회'에 대해 관심이 많다. 최근 일본의 승려 작가 겐유 소큐玄侑宗久가 쓴 《중음의 꽃》을 읽고 윤회가 바로 과학이라는 생각을 하게 됐다. 불교 신자가 아니라도 흥미로운 내용이라서 잠깐 소개하고자 한다.

기본적으로 불교는 물질 불멸의 법칙에서 생각한다. 예를 들면 컵의 물이 증발했다고 하면, 물이 줄어들었으니까 눈에 보이는 것만으로 판단한다면 없어진 것이다. 그런데 물리학에 따르면 물은 없어진 게 아니라 수증기로 형태를 바꾸어 컵 주변에 머물러 있다.

이것이 불교에서 말하는 '중음中陰'이라고 부르는 상태다. 즉, 이 세상과 저 세상의 중간이다. 그런데 수증기는 컵 주변에만 머물러 있지 않고 점점 사방으로 퍼져가게 된다. 이는 자연적인 현상인데, 인도 사람들은 이를 '슈냐shunya'라고 부른다. 슈냐라고 하면 '팽창하는 것, 넓어져간다'는 의미다. 세상 가운데의 모든 물질은 이렇게 팽창해서, 퍼져간다. 이 슈냐라는 말은 중국에 오면 '공空'이 된다. 우주가 팽창해 간다는 설은 이것을 가설로 해 연구된 것이다.

이렇게 우주 전체로 퍼져간 입자를 '미진微震'이라고 부르며, 이는 다시 일곱으로 나뉘어져 '극미極微'라고 불리는 것이 된다. 극미란 불교에서 말하는 물질의 최소 단위인데, 학자들에 따르면 소립자와 거의 같은 크기라고 한다. 소립자라는 것은 현재 150종류 이상 발견되었기 때문에 그 소립자를 구성하는 더욱 작은 단위가 있을 것이다.

그런데 이 정도 되면 더 이상은 물질이 아니라 에너지라고 할 수 있다. 그래서 '공'이라는 것을 일종의 에너지로 파악한다. 에너지이기 때문에 한 번 더 사용될 수 있으며, 이것이 윤회사상과 연결된다.

윤회라는 것을 과학적으로 보면 에너지가 리사이클되는 것이다. 그런데 윤회로 다시 태어난다고 했을 때 이왕이면 아름다운 모습으로 태어나고 싶은 게 모든 사람들의 바람이다.

불교에서는 내생에 좋게 태어나기 위해 공덕을 쌓을 것을 설교한다. 죽음을 의식하면서 자기 삶을 가치 있고 선한 것으로 만들라는 이야기다. 티베트 불교에서는 '사람은 죽으면 순수한 빛이 된다.'고 생각하는데, 현재 미국의 병동에서 이런 티베트 불교의 사상이 유행하고 있다고 한다. 특히 죽음을 앞둔 말기 환자들을 보살피는 터미널 케어에서 이런 사상을 적극적으로 받아들이고 있는데, 죽음을 앞두고 있는 환자가 조금이라도 죽음을 긍정할 수 있도록 이렇게 사후에 대한 이미지를 아름다운 것으로 만드는 게 아닌가 하는 생각이 든다.

기독교에서도 죽음은 끝이 아니다. 기독교 사상의 핵심은 죽음에서의 '부활'이다. 스스로 공덕을 쌓아 좋은 모습으로 환생할 수 있다는 불교 사상과는 달리 신으로부터 구원이라는 점이 다르지만, 죽음이 끝이 아니라는 점은 마찬가지다.

이러한 점은 유교도 마찬가지다. 흔히 내세관이 없기 때문에 유교는 종교가 아니라고 하지만 대신 영혼관은 있다. 우리가 제사를 지낼 때 향불을 피우고 술잔을 세 번 기울이는 것은 하늘로 올라간 혼을 불러들이고 땅에 묻은 백을 되살리는 것이다. 죽음 뒤 하늘과 땅으로 갈라진 혼과 백이 하나로 합치될 때 제사가 이루어진다.

사람은 죽어서 그냥 없어지는 것이 아니라, 에너지로 또는 빛으로 윤회하거나 천국에 간다고 생각하면 위안이 된다.

종교에 대해 관심을 갖는 것은 '선하게 살아야 한다.'는 명제에 눈뜨는 것이다. 어느 종교에서도 악한 사람이 복을 받으며, 천국에 간다고 가르치지 않는다.

노인 요양시설을 운영하는 어느 원장은 노인들이 죽음에 대한 두려움을 극복하도록 시설 내에 '자원봉사대'를 만들었다고 한다. 노인들이 선행을 하도록 유도해 '조금이라도 편안한 죽음'을 준비하게 하자는 것이다. 당연한 얘기지만 죽음을 인식하는 사람만이 용서와 나눔, 봉사와 사랑을 실천할 수 있다.

주변 정리 – 유언장 쓰기

　오래전에 미국 LA 인근에서 산불이 크게 난 적이 있다. 당시 LA에 사는 사람들은 수천 킬로미터 떨어진 곳에서 일어난 산불에 크게 신경 쓰지 않았다. 그런데 불이 인가가 있는 쪽으로 방향을 잡아 다가오기 시작했다. 바람까지 가세해 불길이 맹렬한 기세로 마을을 향해 다가왔지만 사람들은 크게 걱정하지 않았다. 소방관들이 불길을 잡아주리라고 생각했기 때문이다. 그러다가 순식간에 불길이 마을 코앞까지 다가오자 그제야 대피소동이 벌어졌다. 사람들은 몸을 피하면서 무엇을 들고나갈지 생각할 겨를도 없이 손에 잡히는 대로 집어서 집을 빠져나왔다. 나중에 보니, 그들이 들고나온 건 아이들의 잡다한 일용품과 앨범 뿐이었다. 정작 중요한 것들은 불길 속에서 사라지는 것을 볼 수밖에 없었다.

사람은 언젠가는 죽을 수밖에 없는 존재다. 너무나 명백한 사실 앞에서 사람들은 눈을 감고 있다. 아직도 먼 미래일 뿐이라고.

내 인생을 잘 살기 위해서는 우리에게 주어진 생이 유한함을 기억해야 할 것이다. 인도의 명상가 오쇼 라즈니쉬Osho Rajneesh는 삶에서 가장 커다란 수수께끼는 삶 그 자체가 아니라 죽음이라고 했다. 죽음은 삶의 절정이자 마지막에 피는 가장 아름다운 꽃이다. 따라서 삶은 죽음을 향한 순례일 뿐이다. 유한한 삶을 최선을 다해 살아낼 때 죽음이라는 수수께끼가 풀릴 것이다.

뒷정리도 중요하다. 사람은 잠시 앉았다 떠나는 자리도 정리하고 간다. 뒤에 오는 사람에게 폐를 끼치지 않기 위해서, 또 되도록이면 자신의 흔적이 아름답게 보이도록 뒷정리를 하는 것이다. 이 세상을 떠날 때도 마찬가지다. 그래서 다른 사람들에게 어떤 것을 남기고 갈 것인지 곰곰이 생각해볼 필요가 있다. 빚이 있다면 정리해야 할 것이고, 인간관계에 미움과 오해가 남아 있다면 그것도 풀어야 할 것이다. 유언장이란 이러한 뒷정리의 일부다.

유언장을 쓰는 동안 죽음을 가깝게 느끼고 삶의 가치를 다시 한 번 발견하게 된다. 배우자, 자녀들의 이름을 부르면서 가족이 더 소중하게 여겨지며, 세상에 남길 목록을 정리하면서 자신이 이미 많이 가진 사람임을 깨닫게 된다. 혹은 남길 게 없다는 생각을 한다면 조금 더 분발해야겠다고 결심할 수도 있을 것이다. 요즘은 종교단체나 시민 단체 등이 주도해 '아름다운 유서 쓰기 운동'이 이루어지고 있는데, 이를 통해 많은 사람들이 삶의 자세를 가다듬는 계기로 삼고 있다.

그렇다면 구체적으로 유언장을 어떻게 쓸 것인가? 원래 유언장이 주로 담는 내용은 재산 상속과 장례 절차 등에 관한 것이다. 재산 상속은 보통 많든 적든 유산을 둘러싼 가족의 갈등을 미리 막는다는 측면에서 필요하다. 따라서 유언장의 내용도 가족 한 사람이라도 섭섭하지 않도록 골고루 배려하는 것이어야 한다. 현명하게 재산을 상속하는 법에 대해서는 미국의 경제 전문지인 〈월스트리트 저널〉이 변호사, 재정설계사 등의 자문을 받아 작성한 유산 상속 가이드가 도움이 될 것 같다.

① 재산의 구체적 상속 계획을 자녀들에게 먼저 털어놓는다. 상속계획을 밝히면서 자녀들의 반응을 엿볼 수 있으므로 갈등 요소를 조정, 분쟁의 씨를 미리 제거할 수 있다.

② 한 자녀씩 따로 불러 상속 계획을 밝힌다.

③ 부모가 상속 계획을 미리 밝히지 않을 경우에는 자녀들이 향후 재산 축적 및 관리 계획을 간접적으로 비치면서 부모가 자연스럽게 상속 재산 이야기를 할 수 있도록 유도한다.

④ 각 자녀에게 똑같이 나눠주는 것이 가장 공평한 것 같지만, 그동안 각 자녀에게 들어간 돈이 다를 때는 그러한 점을 감안한다.

⑤ 잘사는 자녀라도 상속에서 제외되면 자신이 사랑을 받지 못했다고 생각할 수 있다. 따라서 재산의 80%를 각 자녀들에게 나눠주고, 나머지 20%는 긴급 사태가 발생한 자녀가 사용할 수 있도록 신탁자산으로 남겨둔다.

상속에 관해 유언장에서 언급하지 않은 경우, 법률이 정한 바에 따르면 배우자에게 1.5, 자녀에게는 딸, 아들, 결혼 여부를 떠나 같은 비율인 1이 주어진다. 하지만 최근에는 부모의 수발을 맡은 자녀에게 특별상속분을 얹어주는 등 유용하게 나누어주는 움직임이 있다.

유언장이 법적인 효력을 갖기 위해서는 민법이 정한 유언장 작성 요건에 맞춰 만들고, 공증사무소의 공증을 받아두어야 한다. 이 경우에도 자필로 작성하고 작성 연월일, 주소, 성명을 쓰고, 수정할 때는 도장을 찍으며 증인 두 명의 서명을 받아야 한다.

유언장에는 상속에 관한 지시와 함께 장례 절차에 대해 언급하게 된다. 장례 절차와 관련된 당부에서는 '실제, 효율성'과 '정서적 요구'를 배려해야 할 것이다. 검소하게 치르고 다른 사람에게 폐 끼치지 않을 것을 강조하다 보면 의식의 본래 의미에 소홀해질 수도 있다. 유족들이 이별을 받아들이고 마음을 정리하는 시간을 갖기 위해서는 어느 정도의 형식이 필요하다. 장례 절차와 관련해 생각할 점은 '매장을 할 것인지, 화장을 할 것인지'의 결정이며 장지, 화장 시설 등을 살펴보는 것도 필요하다.

임종을 앞둔 시기의 치료 방법에 대해서도 의사를 표시해두는 것이 필요하다. 최근에 말기 환자의 생명 연장 의료 조처가 심각한 논란거리가 되고 있다. 호스피스제도가 활성화돼 있지 않은 우리나라에서는 말기 암 환자가 사망 직전까지 고통스러운 항암치료를 받는 경우가 많다. 무의미한 연명 치료를 둘러싼 논의가 거세지면서 2013년 대통령직속 자문기구인 국가생명윤리심의위원회에서 '연명의료의 환자 결정권에 관한 권고안'을 발표했다. 여기에는 환자 본인이 의사를 명확하게 밝힌 경우에는 연명 치료를 중단할 수 있도록 했다.

내 주위에도 의식이 없는 부모님에게 인공호흡기를 달아놓고, 부모님이 고통스러워하는 모습을 보면서도 이러지도 저러지도 못하고 힘들어하는 자녀들이 있다. 인공호흡기를 한번 달게 되면 이를 떼어낼 수 있는 권한은 환자 본인에게만 있기 때문에, 부모님의 의사를 생전에 확인해두지 않았던 것을 후회하기도 한다.

사람마다 살아온 환경과 역사가 다르기 때문에 죽음에 대한 태도와 의지도 다르다. 따라서 미리 자신의 의사를 명확하게 표현해둔다면 이후에 닥치는 혼선을 막을 수 있을 것이다.

'존엄한 죽음을 맞이할 권리'를 서약함과 동시에 사후에 자신의 장기를 기증할 것을 서약하는 사람들도 있다. 장기기증 서약을 한 뒤에는 조금이라도 좋은 상태의 장기를 남겨주기 위해 더욱 열심히 건강관리를 한다고 한다. 죽음이 마지막으로 나눔과 사랑을 실천할 수 있는 기회라고 생각하기 때문이다.

스콧 니어링의 유언장

내가 가장 바람직하게 생각하는 유언장으로, 자연에서의 삶을 실천한 스콧 니어링이 쓴 유언장을 소개한다.

1. 마지막 죽을 병이 오면 나는 죽음의 과정이 다음과 같이 자연스럽게 이루어지기를 바란다.

   – 나는 병원이 아니고 집에 있기를 바란다.
   – 나는 어떤 의사도 곁에 없기를 바란다. 의학은 삶에 대해 거의 아는 것이 없는 것처럼 보이며 죽음에 대해서도 무지한 것처럼 보인다.
   – 그럴 수 있다면 나는 죽음이 가까이 왔을 무렵에 지붕이 없는 열린 곳에 있기를 바란다.
   – 나는 단식을 하다 죽고 싶다. 그러므로 죽음이 다가오면 나는 음식을 끊고, 할 수 있으면 마시는 것도 끊기를 바란다.

2. 나는 죽음의 과정을 예민하게 느끼고 싶다. 그러므로 어떤 진정제, 진통제, 마취제도 필요하지 않다.

3. 나는 되도록 빠르고 조용하게 가고 싶다.

   – 주사, 심장 충격, 강제 급식, 산소 주입 또는 수혈을 바라지 않는다.
   – 회한에 젖거나 슬픔에 잠길 필요는 없다. 오히려 자리를 함께할지 모르는 사람들은 마음과 행동에 조용함, 위엄, 이해, 기쁨과 평화로움을 갖춰 죽음의 경험을 나누기 바란다.
   – 죽음은 광대한 경험의 영역이다. 나는 힘이 닿는 한 열심히, 충만하게 살아왔으므로 기쁘고 희망에 차서 간다. 죽음은 옮겨감이거나 깨어남이다. 모든 삶의 다른 국면에서처럼 어느 경우든 환영해야 한다.

4. 장례 절차와 부수적인 일들

   – 법이 요구하지 않는 한, 어떤 장의업자나 그밖에 직업으로 시체를 다루는 사람의 조언을 받거나 불러들여서는 안 되며, 어떤 식으로든 이들이 내 몸을 처리하는 데 관여해서는 안 된다.
   – 내가 죽은 뒤 되도록 빨리 내 친구들이 내 몸에 작업복을 입혀 침낭 속에 넣은 다음, 스프루스 나무나 소나무 판자로 만든 보통의 나무상자에 누이기를 바란다. 상자 안이나 위에 어떤 장식도 치장도 해서는 안 된다.
   – 그렇게 옷을 입힌 몸은 내가 요금을 내고 회원이 된 메인 주 오번의 화장터로 보내어 조용히 화장되기를 바란다.

- 어떤 장례식도 열려서는 안 된다. 어떤 상황에서든 죽음과 재의 처분 사이에 언제, 어떤 식으로든 설교사나 목사, 그밖에 직업 종교인이 관여해서는 안 된다.
- 화장이 끝난 뒤 되도록 빨리 나의 아내 헬렌 니어링이, 만약 헬렌이 나보다 먼저 가거나 그렇게 할 수 없을 때는 누군가 다른 친구가 재를 거두어 스피릿 만을 바라보는 우리 땅의 나무 아래 뿌려주기 바란다.

5. 나는 맑은 의식으로 이 모든 요청을 하는 바이며, 이러한 요청들이 내 뒤에 계속 살아가는 가장 가까운 사람들에게 존중되기를 바란다.

출처 : 헬렌 니어링 지음, 《아름다운 삶, 사랑 그리고 마무리》, 보리, 1997

오랜만에 만난 친구가 말한다. "너, 하나도 안 변했네. 옛날 그대로다."
눈 밑의 다크서클, 이마의 주름살, 눈치 없이 삐져나오는 흰 머리,
내가 나를 아는데. 예의상 해주는 그 거짓말이 너무 고맙다. "그래, 벌
써 변하면 안 되지. 앞으로도 50년은 더 살아야 하는데."

'노년 예찬론'을 외치고 다니지만 나 역시 주름살이 슬프고 귀가 어
두워지는 것이 두렵다. 거울 속에서 낯선 중년을 확인하고 며칠 동안
우울했다. 왠지 사는 것이 시들해지고 의욕이 생기지 않는다. 계절이
바뀌는 주위 풍경에도 감동이 일지 않는다. 나이 들어 보이는 외모에
집착하다 보니, 마음에까지 노화가 일어나고 있었던 것이다.

'이렇게 마음이 늙어버린다면 정말 큰일인데……' 라는 생각이 들었
다. 피부가 자글자글해지고 아랫배가 처지는 것은 성형외과 몇 번 들락
거리는 것으로 해결이 되지만, 마음이 늙어버리면 고칠 길이 없다. 몸은
액티브시니어인데, 마음은 임종을 앞둔 노인, 다행히 이런 심리 상태는
오래가지 않았다. 이런 때는 낙천적인 성격을 감사할 수밖에 없다. "늙
는 것은 나쁜 게 아냐. 자연현상이지. 그래, 한번 멋있게 늙어보자!"

마흔이 넘은 사람들은 정도의 차이는 있지만 모두 '노화'라는 현실
과 만나게 된다. 몸과 마음이 조금씩 삭고 무너지면서 인생의 반대편
기슭을 향해 시름시름 나아간다. 어떻게 늙어갈 것인가? 노년을 보다

행복하게 보내려면 어떤 준비를 해야 할까? 현재형으로 일어나는 노화에 적응하면서 또다시 다가올 인생의 대단원을 준비해야 하는 것은 나를 비롯한 모든 '포스트 마흔'의 과제다. 그래서 쓰기 시작한 것이 이 책이다.

최근 한국 사회에 팽배한 노후 불안감도 이 책을 쓰는 데 한몫했다. 갈수록 심화되는 인구고령화, 10년 뒤의 내 모습을 보는 듯한 베이비붐 세대의 대량 은퇴와 방황, 출구가 보이지 않는 경기 침체……. 수많은 노후 준비 서적들도 이러한 불안감을 부채질한다. 거액의 노후 자금을 확보해야 한다며 재테크 방법을 알려주고 연금 정보를 소개한다. 덕분에 내 재정 상태를 살피고 더 저축하는 습관을 들이게 됐다. 하지만 그동안 내가 취재하고 연구하면서 깨달은 것은 '경제적 준비가 중요하더라도 돈만으로 노후의 행복을 얻을 수 없다'는 것이다. 이 책은 시종일관 이 점을 강조하며 돈으로 채울 수 없는 자산, 또는 부족한 돈을 채우는 노후 행복 비결을 담았다고 자부한다.

100만 원이 채 안 되는 국민연금으로도 노후 생활을 훌륭하게 즐기는 사람이 있는가 하면, 수십 억 자산가인데도 암으로 병원을 들락거리느라 노후를 즐기지 못하는 사람이 있다.

나의 노년 연구는 2001년 일본에서 노인 복지정책에 대한 연구 보고서를 쓰면서 시작됐다. 일본, 독일 등 고령 사회의 이모저모를 돌아보았고, 수발 노동, 은퇴 준비, 연령차별 등 다양한 분야에서 취재와 학술적 연구 작업을 병행해 왔다. 오지랖 넓은 이러한 관심사를 이 책에서는 건강, 경제, 취미생활 등 일곱 가지 분야로 나누어 정리하였다. 내가 보고 들어 누군가에게 들려주고 싶었던 '잘 늙는 지혜와 비결'을 소개했다. 그런데 내가 쓴 글들이 독자들과 만나기 전에 벌써 나 자신을 바꾸고 있었다.

이 책을 쓰는 동안은 더 건강해지고 더 착실하게 생활할 수 있었다. 하기 싫은 운동도 열심히 하고 마음과 생활의 중용을 지키려고 노력했다. 스트레스에 대해 나름대로의 해소법을 찾아내고, 원만한 인간관계의 중요성을 되새겨보았다. 책에 쓴 대로, 내가 아는 만큼 실천했고, 실천한 대로 보상이 돌아왔다. 내가 변화한 만큼 독자들도 바뀔 수 있었으면 한다. 노년을 긍정적으로 받아들이고, 노화를 슬기롭게 극복할 수 있으면 좋겠다.

그래서 '노년'이란 인생의 겨울이 아니다. 행여 겨울이라고 하더라도 겨울에는 겨울 나름의 아름다움과 즐거움이 있지 않은가. 인생의 한 순간, 한순간들을 감상하며 멋지게 살아가는 것, 인생의 달인이 되는 것, 이것이 바로 '멋진 노년을 준비하는 길'이다. 누군가의 말처럼, '마흔에 하지 못한 것을 쉰에 하려면 몇 배 더 힘들다.'는 말을 뼈저리게 느낀다.

지금 마흔이거나 마흔 즈음에 도착한 독자들이 노후 준비를 뒤로 미루지 않기를 바란다. 지금 시작해서 10년 뒤 더 편안하고 풍요로운 자신을 발견하기 바란다. 그리고 '오, 나이 드니까 좋은데!' 라는 깨달음을 얻기 바란다.

이 책을 쓰는 데는 많은 사람들의 도움이 있었다. 언제나 좋은 대화 상대로서 나에게 '사람 사는 일의 기본' 에 대해 깨닫게 해주는 남편, 부대끼는 일상을 통해 시간과 물질의 고마움을 느끼게 하는 나의 가족, 친구, 동료들, 자료 제공과 취재 협조로 많은 도움을 주신 일본 야마토마치의 친구들, 한국의 노인복지관 종사자들, 강창희 트러스톤 자산운용 연금포럼 대표, 아름다운 서당의 자원봉사 선생님들, 노부부의 조화로운 행복을 가르쳐주신 김현·조동현 선생님께 감사의 말을 전한다. 무엇보다 좋은 기획으로 글을 쓸 기회를 주신 나무생각의 한순 주간님과 부족한 원고를 다듬어준 편집부 식구들의 수고에 감사한다.

마흔살,
내가 준비하는
노후 대책7

초판 1쇄 인쇄 2015년 4월 7일
초판 1쇄 발행 2015년 4월 13일

지은이 | 김동선
펴낸이 | 한순 이희섭
펴낸곳 | ㈜도서출판 나무생각
편집 | 양미애 양예주
디자인 | 김서영
마케팅 | 박용상 이재석
출판등록 | 1999년 8월 19일 제1999-000112호
주소 | 서울특별시 마포구 월드컵로 70-4(서교동) 1F
전화 | 02-334-3339, 3308, 3361
팩스 | 02-334-3318
이메일 | tree3339@hanmail.net
홈페이지 | www.namubook.co.kr
트위터ID | @namubook

ISBN 979-11-955094-0-9 03320